STYLE

STYLE

小僧大掃除。

お坊さんが教えるこころが整う掃除の本

松本圭介

邱香凝 譯

目次

contents

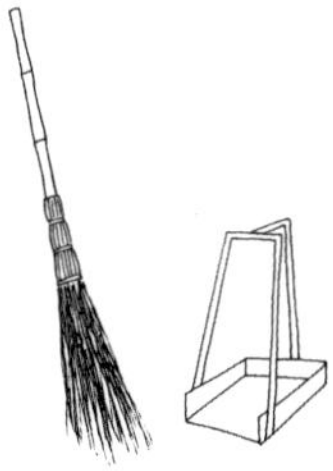

推薦序

去除心中的塵埃

鄭栗兒

在我幾次山上閉關禪修的時日，每天清晨六點半打完第一堂禪課後，用餐罷，便是全體出坡掃除時間。出坡工作是被分配的，由不得你選擇，每一份任務都要盡心盡力、全力以赴，但私心裡，我最愛的，是打掃大殿四周乃至山林徑道的工作。清晨的微風吹拂，鳥鳴蟲嘶間，清掃著拂落而下的葉片，偶或有昨晚死去的蛾或小蟲也躺在地上，念誦〈往生咒〉後，將之輕輕揮入一旁的泥間埋葬……。在揮動掃把時，就是一種動中禪，依然保持著覺知，察覺著動作，但掃地有一種更美的意涵存在，就是透過掃除外在的塵埃，也掃除了內心的塵埃。

佛陀時代最著名的禪宗公案，大抵是大迦葉尊者的「拈花微笑」、「以心印心」，揭示「正法眼藏」玄奧而不可思議的悟道之門，這可是極具慧根的修行者方能頓悟如此。但如果連一位愚癡之人都能透過掃地而開悟，那麼這等不起眼的日常灑掃粗活，不就蘊藏著契入「涅槃妙心」的禪修功夫了麼！

是的，佛陀就是用最簡單的「掃地」法門度化了周利槃陀，天資駑鈍的周利槃陀和出家的哥哥投入佛陀門下，卻連一句佛偈都背不起來，難過得在孤獨園外傷心哭泣，佛陀發現後，親自教導他每日辛勤打掃寺院，並為其他僧侶拭鞋，以淨化自己的業障，在打掃時，心中同時默念：「我拂塵、我除垢！」

周利槃陀就這樣日日掃除塵埃，時時背誦眞言，終於有一天他開悟了，明白自己打掃的，不是外在的染污，而是內心的塵垢，這些塵垢是執著、瞋恨與無明所致，掃除了塵垢，便是朗朗清明的涅槃之境。從此，周利槃陀成為著名的掃地大師。

歷來中國禪宗著重於實修與體驗，從日常生活印證佛法的究竟眞理，大乘佛教東傳流入日本後，禪的精髓亦在各教派中發揚光大，所以《小僧大掃除》這樣看似瑣碎的寺院家事之書，不僅展現了日本文化的細節美學，更闡述了禪宗老實修行的平常心是道。

禪，是生動活潑的，與時俱進的，而這本書的有趣，從一開場的前言：「僧侶的一天，從打掃開始。」就讓人感受到這可不是一般教條式的佛法書籍，而是如如實實的生活禪。作者松本圭介，也是日本東京神谷町光明寺的出家僧侶，他認認眞眞地將打掃的心法、工具、節奏、作息等等，言簡意賅地逐一說明，並融入其獨到見解和佛法要義，以生動文筆呈現出現代版的「佛事儀軌」。讓我們跳脫以往從茶道、花藝、園林或精進料理欣賞日本禪意之美的途徑，直接從打掃開始進入堂奧之門。

有許多靈光乍現的啓發字句，如同天空中的明星，讓我們眼睛爲之一亮，比如他說「浴室」這樣的地方：

> 浴室是治癒每天疲勞身心，最讓人放鬆的場所吧！……在禪寺中，浴室屬於三默道場之一，是被特別重視的場所。……水是生命的基礎，在與此相關的場所，容易看出人的本能。

在潮濕的浴室裡洗澡，内心也會變得陰暗潮濕。浴室裡發黴，心也會跟著發黴。隨便清洗身體的人，也無法洗脱内心的污垢。……所以，更要隨時保持清潔，清洗浴室時，要懷著洗滌内心污垢般用心洗刷。

這讓我想起滴水和尚，從一滴水開悟，從一滴水匯入無限的心之海洋，看見慈悲的本質，智慧的意義。

有著豐富而創意經歷的松本圭介，並非是墨守成規的出家僧侶，他畢業於東京大學文學部哲學科，在南印度取得ＭＢＡ學位，除了創立網站，辦音樂會，還經營過寺院咖啡館，曾獲Tokyo Source選爲「來自東京，將未來變得更有趣的三十一位創作人」，爲日本佛教界注入無限新意。

佛陀也是一位具有創意和勇於自我挑戰的覺者，所以他開創八萬四千種法門，度化世間形形色色各種不同的人，《小僧大掃除》教導我們的，就是修行在日常，修行在日日，修行是簡單自然的，修行更是身口意的自淨其意，修行並不是要抵達多遙遠的淨土他方，而是當下身心的舒適自在，透過最簡單的打掃，你也可以成爲掃地大師。

（本文作者爲作家&靈氣師父，經營阿芭光之花園靜心坊，推動靈氣身心靈療癒與快樂靜心禪）

推薦序

掃除原來就是修行！

譚艾珍

拿起掃把掃地，誰都知道就是把地上垃圾掃乾淨。

但是在十多年前，第一次聽到上人說：「掃地掃地掃心地，不掃心地枉掃地。」這句話時，還真錯愕，掃地與心又有何關聯？有一次聽一位資深的師姊說，只要心情不好時，就會拿著掃把專注地清掃屋內屋外，等她將地掃乾淨，心情也變好了。我家二樓鄰居徐先生從二十多年前開始，每天下班時，會先將公事包放在樓梯間，然後拿著掃把、畚箕，將樓梯間到大門外掃乾淨才回家休息，這項工作持續到現在從沒間斷，只是現在退休了，他的清掃範圍早已經從我家大門外，擴大到前後左右巷道了，有趣的是，他現在掃地時歌聲更宏亮、更開心了。

這些點點滴滴在我看了《小僧大掃除》後，才終於領悟到「掃除」原來就是修行的道理啊！

更解開我在二十多年前看了一篇故事的迷惑，故事說一位小和尙每天的工作是打掃寺院的庭園，他很認眞打掃，每一片落葉都不遺漏，隨時保持乾乾淨淨，有次老和尙靜靜看了一會兒後，就在落葉堆裡抓起一把葉子撒在地上，小和尙正想發火，回頭一看竟然是師父，趕快低頭把落葉掃乾淨，但是師父又抓起一大把落葉撒在地上，小和尙納悶師父爲何找他麻煩？心中很氣但又不敢表現出來，只能默默地繼續掃乾淨，就這樣師徒倆一個撒、一個掃，終於小和尙笑著跪下向師父說：「弟子懂了。」

哈哈！你懂了嗎？等看完《小僧大掃除》，你會懂的。

（本文作者爲資深演員，並爲大愛電視台節目主持人）

前言

我在位於東京神谷町的光明寺擔任僧侶。

二〇〇三年，我敲了光明寺的大門，成爲淨土眞宗本願寺派的僧侶。

僧侶的一天，從打掃開始。

洒掃寺院境內及庭園，也要將大雄寶殿打掃得光潔亮麗。

這並不是因爲寺院哪裡髒了，或是亂成一團，而是爲了掃去心上的塵埃。

造訪寺院時，能從靜謐空間中，感受到適度的緊張感。

打理得整齊清潔的庭園裡，地上沒有一片落葉，沒有一粒塵埃。
坐在大殿裡，背脊會自然挺直，心情自然收束。
心靈，每天就這樣沉靜下來。

如拂拭煩惱一般，除去塵埃。
如掃落執著一般，刷去髒污。
將每個角落仔細打掃得一塵不染的這段時間，非常充實。

不管是簡單的生活，或審視自己的時刻，這當中的每一個瞬間，都要過得仔細慎重。
不只是對我們僧侶而言，對所有忙碌的現代人來說，或許也是必要的事。

人生日日是修行。
我們的心，由我們的一言一行所創造。

活得邋遢隨便，心便會蒙塵髒污；仔細慎重地過生活，心自然就會漸漸乾淨美麗。

只要心是美麗的，眼中的世界便充滿光輝。

只要世界充滿光輝，待人就能更親切和善。

提起僧侶的掃除，最有名的就是禪宗。事實上，日本佛教普遍重視能夠「滌淨心靈」的掃除修行。本書將一邊介紹僧侶修行道場的情形，一邊介紹一般寺廟裡所採行的日常掃除方法。關於「禪」的禮儀作法，我也訪問了對精進料理（譯注：修行者的簡樸齋食）深有研究的曹洞宗僧侶吉村昇洋先生，以及在柏林將日本ZEN（禪）發揚光大的雲水．星覺先生，並將他們的意見統整於書中。

衷心建議各位，你也可以將本書中所介紹的僧侶掃除術應用於家庭之中。

這一點也不難。只要抱持著「在家修養心性」的意願，日常生活中的家事立刻就能搖身一變為「砥礪心靈的勞動」，而且不僅能砥礪個人的心靈，還能美化周遭人們的心。

若能以此書幫助各位讀者，讓每日的掃除工作成為審視內心的契機，我將感到非常榮幸欣慰。

日本光明寺僧侶　松本圭介

掃除的要領

掃除的要領・其一

什麼是掃除

自古以來，日本人就不只將掃除視為單純的雜務勞動。

在日本的國中和國小，全體學生一起大掃除是理所當然的事，但在國外，幾乎很少聽過由學生打掃。

這或許是因為在日本，掃除這項行為，除了是「將髒污打掃乾淨」外，也被認為與「磨練內在」有關。

大家前往寺廟時，一定會發現寺院內外都打掃得非常整潔吧！

原因之一當然是為了迎接香客的禮節，但另外一個原因是，對住在寺院中修行的僧侶而言，掃除這件事本身就是重要的佛道修行。所以，寺院內外所有空間都被整理得整整齊齊，打掃得乾淨美觀。我為了成為僧侶而在京都的寺廟中學習時，只要衣物折疊的方式或重疊的順序有一絲錯誤，立刻就會被負責指導的前輩僧侶嚴格糾正。

有機會的話，請看看僧侶們在寺院內掃除時的身影。

穿著工作服的僧侶們，想必會在各自被分配到的打掃區域默默勤奮打掃吧！

而此時他們臉上一定都帶著生氣勃勃的表情。

「不但麻煩，而且沒有必要就不想做，或是有需要時才順便趕緊做一做。」

打掃並不是這樣的事。

據說，釋迦牟尼佛的某位佛弟子，就是在口中一邊唸著「拂去塵埃、除去污垢」，一邊不斷打掃時悟得正道。

掃除這件事，不是等髒了才去做，而是一種磨練心靈的「修行」。

掃除的要領・其二

關於垃圾

垃圾是什麼呢？

骯髒的東西，老舊的東西，不能用的東西，派不上用場的東西，或是不需要的東西……

可是，無論是什麼東西，一開始一定都不會是垃圾。

是因為有人把它變成垃圾，有人將它視為垃圾，它才會成為垃圾吧！

在佛教中的看法是，所有東西都沒有形體。

換句話說，也就是每樣東西本身都沒有實體。

日語中的「浪費」（譯注：もったいない。漢字寫成「勿體無」，從佛教用語「物

體」的否定詞而來，意思是「當一件事物失去了它該有的樣子，對此感到惋惜感嘆的心情」）一詞，就是從這裡來的。

然而，既然沒有實體，東西怎麼會存在呢？

其實，東西是在和所有與其相關的事物彼此關聯、彼此支持之下而存在的。

人類也是一樣。

我們身為一個人的存在之所以能夠成立，沒有其他理由，靠的都是身邊所有人與事物。所以，不可以認為「因為對自己派得上用場才需要珍惜，不能使用的東西都是垃圾。」絕對不能有這樣的想法。

某日，蓮如上人（譯注：古日本室町時代淨土真宗僧人，本願寺中興之祖）將掉落在走廊上的碎紙屑撿起來，並說：「即使只是一張紙，也是來自佛陀的恩賜，不可亂丟。」就這麼邊說著，邊將紙屑收拾起來。

日本人說的「浪費」，講的不只是單純浪費東西，還包含對物品必須懷有的

「感謝之心」。

不懂得珍惜東西，也就不會珍惜人。

「任何東西，只要不需要了就是垃圾。」

有這種想法的父母所教育出的孩子，不只是對東西，對朋友也將抱持這樣的想法。

無論是怎樣的東西，都必須經過難以計數的製造過程才得以成型，物體之中包含著製造者的心。因此，掃除或整理東西時，不該隨便對待這些東西，重要的是不能忘記感恩的心情。

然而，也不能因為覺得「丟了浪費」，就把什麼都往櫥櫃裡塞。

有些東西雖然有了點年紀，但其實生命還在。

只要送到外面去，就還有足以活躍的舞台，卻被收在家裡遭人遺忘，不見天日終其一生。

這樣對東西來說也太可憐了。

感謝它們至今為你做出的貢獻，懷著感恩之心，開開心心地送到需要的人手上，讓東西能繼續發光發熱，發揮它們的作用。

請珍惜眼前擁有的東西。

掃除的要領・其三

掃除與整理的時間

「在什麼時間掃除都可以。」

「只要有空再做就行了。」

你是不是也這樣想？

前面提過，掃除的另一個目的是為了拂拭心靈塵埃。好不容易好好打掃擦拭一番，如果是選在深夜時分的話，也不大會有徹底打掃乾淨的痛快感覺吧！在寺廟裡也一樣，不會在日落之後才打掃。

最適合掃除的時間是在早晨。每天早上第一件事，就來打掃吧！

修行僧的一天，由早晨洗臉、整理服裝儀容與勤奮地掃除來揭開序幕。當身體暴露在天剛亮時冷冽乾燥的空氣中，心情自然會振奮起來，也會湧現一日生活所需的精力。

此外，當周遭的人甚至花草樹木都尚未清醒時，若獨自在寂靜包圍之下，默默地掃除，心靈將就此沉澱而感到清爽，腦筋也會徹底清明。當眾人都起床時，你已經完成該完成的掃除工作，整頓身心，準備迎向一天的工作了！

早晨的掃除能讓心靈游刃有餘，也能讓我們度過舒適自在的一天。

相反地，在夜晚就寢前，只要整理一下身邊的東西就好。

若像雲水（指的是禪宗修業僧）那樣，過著一整天都在掃除與整理的生活，那麼夜晚就寢前就沒有必要再整理。只要能徹底做到「物品一使用完，馬上隨手收拾」，本來就不容易將環境弄得髒亂。

可是，一般家庭要做到這個地步或許並不容易。既然如此，至少可以努力做到「把每一天使用過而散亂的物品，都放回原本應該放的地方，在當天之內就恢復原狀」。

為了讓自己在隔天早上醒來時能帶著「好，今天也要開始囉！」的清爽振奮心情開始掃除工作，每天晚上整理房間是很重要的。

在我進行僧侶研習的道場，就寢前一定要和室友一起誦讀名為「就寢勤行」的經文。就寢前在整理乾淨的房間裡，誦讀勤行的經文，也能將心情整理得沉澱清明，自然能獲得深沉的睡眠。

像這樣每天都做的掃除與整理工作，最重要的是持續下去。

每天只做短時間也沒關係，在不勉強自己的範圍內，請一定要養成習慣持續下去。

剛開始或許會覺得早起很辛苦，但只要養成早上掃除、睡前整理的習慣，一定就能以清爽的身心度過每一天了。

掃除的要領·其四

讓空氣對流

掃除前首先該做的事——

那就是打開窗戶，讓新鮮空氣進入室內換氣。

我們在早晨打掃前也會先打開窗戶，讓外面清爽的風吹進屋內，希望空氣煥然一新。

天剛亮時，從窗外流進室內的冷空氣接觸肌膚，會令人瞬間清醒，感覺非常清新舒暢。

將來自室外的新鮮空氣吸滿整個胸腔，自然而然就能做好打掃的心理準備。

試想，就算屋內清掃得再怎麼乾淨，若是空氣混濁沉澱，心情也會很鬱悶吧！

在舒適怡人的春秋兩季，從室外吹進屋內的風更是令人心曠神怡。然而，盛夏裡開窗則會帶進蒸騰熱氣，嚴冬早晨吹進來的，則是冰冷刺骨的冷空氣。

但是，即使如此也沒關係。

因為掃除這種行為，某種意義上正是與大自然的溝通。

房屋這種東西，如果完全不經人手清理整修，會逐漸累積灰塵，木材也會風化，不出一百年就崩塌回歸大自然了吧！然而，只要藉由掃除和整理，房屋也能發揮與生俱來的自然力量取得平衡，保持供人類舒適居住的狀態。

人類原本就是一種脆弱的生物，無法生存在毫無遮蔽的大自然下；手無寸鐵地面對大自然時，人類可以說是束手無策。所以，自己居住生存的環境，非得靠自己的雙手打理不可。

也可以說人們是藉由掃除來和大自然對話。

如此一想，在空調完善、無論春夏秋冬都沒有差異的環境中生活的現代人，等於和大自然斷絕了溝通。一旦習慣這樣的環境之後，身體和心靈都會逐漸變得孱弱。

天氣炎熱時就去感覺「熱」，天氣寒冷時就去感覺「冷」。一邊感受自然環境，一邊揮汗掃除，我認為這是身心保有活力的祕訣。

打開窗戶和大自然交流，對於自己無法和野生動物生活在相同環境一事有所自覺。此外，更要親身感受自然的溫柔與殘酷，感謝無可取代的寶貴生命。

每天早晨，打開與大自然相連的窗戶，讓新鮮空氣進入室內吧！

如何處置蟲子

佛教徒必須遵守的五戒之中，第一條便是「不殺生戒」。換句話說，不殺害生命在五戒中是最為重要的。一切生命都彼此相連，不分尊卑，因此不能妄自傷害或奪走其他生命。

然而，對人類來說，不吃魚肉、蔬菜等其他生命，就無法維持自己的生命。所以我們應該對「不殺生就無法生存」的自己有所自覺，對生命抱持歉意和感恩之心。同時，**在日常生活中想辦法盡可能不殺生也是很重要的**。

想要過不殺生的生活，最基本的就是每日的掃除。

蟲子只有在尋求食物或築巢場所時才會出現。

放著餐桌上的食物殘渣不收拾，放著該洗的餐具不洗，放著生鮮垃圾不丟，如此一來，當然會招來蟲子。換個方式說，每餐飯後都徹底收拾乾淨，就是不殺害蟲子的最好對策。

創造不易滋生蚊蟲的環境也很重要。將水桶朝上放在屋外時容易囤積雨水，產生大量孑孓，因此，容易積水的水桶類要把底部朝上，倒過來存放。也不要使用太大的水缽，裡面的水需定期更換，保持清潔。

雖然白蟻與胡蜂等，是不做處置便可能招致危險的昆蟲，但是只要頻繁修剪草木，保持庭園通風良好，注意換氣，使濕氣無法聚積，就能防止這類蟲子築巢。除草的時候，也請先從葉片和糞便來確認是否有蜜蜂或毒毛蟲定居其中。

為了蟲子也為了人類著想，請確實做好掃除整理工作吧！

最好經常「交換職務」

在僧侶的道場中，各種工作勞務都由眾人分攤，並定期交換分配到的工作。我們稱之為「交換職務」。直到昨天還負責廚房工作的人，下次可能轉為負責庭園工作，就像這樣交換分配。拜此之賜，所有僧侶都能體驗到寺廟裡的各種工作勞務。

一提到修行，或許往往給人「獨自默默進行」的印象，事實上，在寺廟裡掃除時都是團隊合作。此時不可或缺的，就是隨時留心他人的行動，比方說，一邊注意其他人正在擦拭什麼地方，一邊決定自己的掃除範圍。掌握整體狀況後，再思考自己該盡什麼責任，如此一來，工作就能平均分配，每個人都能支援其他人的工作，同時自發性地完成自己的任務。

此外，掃除時的大原則是「由上到下」，所以也必須注意掃除作業的整體流程和順序。掃除時，如果看到同伴在那邊清理了，自己就從這邊開始吧！就像這樣，**先掌握整體流程後，再善盡自己的職務**。

在修行道場裡，個人的一時鬆懈都需由集團負起責任。有時會命令團隊全體在板間（譯注：整間鋪設木地板的房間）合掌正座。因為不能給別人添麻煩，所以會比平時更加正襟危坐。這樣的修行讓我深刻體會到，「我」的存在並非只屬於自己一個人。

在日常生活中也一樣。掃除不是一個人單獨去做就好，重要的是每個人都要用心去掃除。和家人分配職務，並不時交換各自被分配到的職務；全家人就像一個團隊，一邊思考他人，一邊善盡自己的職務。

家人的好，只有在發生狀況時才會明白。平常總是不以為意地接受妻子為自己做菜的先生，只有當妻子病倒時才會赫然發現，連一碗白粥都不會煮的自己有多沒用。

像這樣的「發現」，將可幫助我們消除內心頑固的既定概念。

讓孩子幫忙家事或掃除，並且經常交換職務，對孩子是很好的教育。比起讓孩子幫忙，大人自己動手當然會做得更快、更好，所以一開始的時候，或許會有些心急；越是這種時候，越要交付給孩子各種職務。

與家人的關係，在各種人際關係中是最緊密的一種。請務必試著藉由掃除勞動，來加深彼此內心的羈絆吧！

掃除的要領·其七

隨天氣變化掃除

在寺院中，裡裡外外都有各種勞務工作，但下雨天是不進行屋外勞動的，要等到放晴後才進行。

我們會配合大自然的轉變，來擬定當天勞務工作的計畫。

無法進行寺院庭園等戶外掃除工作的日子，就可以用來擦亮玻璃或更換紙門、做室內大掃除等，選擇在屋內能做的掃除工作。當雨停一段時間後，泥土會呈現適當的濕度而適合除草，所以戶外的掃除工作，還是等雨停後再做比較好。

雲水們一天當中，可說有三分之一的時間都花在掃除上，即使如此，這「為了淨化心靈的掃除」卻沒有結束的時候。因為只要用心去找，永遠找得到需要掃除的地方。

下雨天時，就捨下內心「今天無論如何都要打掃室外」的執著心，帶著柔軟的心情配合自然的動作掃除吧！

一般家庭或許可以將下雨天訂為「修繕家中物品的日子」，也是一個不錯的方法。

環顧家中，一定能找到該做的事。

掃除的要領‧其八

今日事今日畢

禪語有句話說，「前後際斷。」

這句話的意思是，「不後悔過去發生的事，也不擔心未來將發生的事，每一天都全力以赴，善盡全力，不留下悔恨」。

將這種思考模式，套用在淨化心靈的掃除術上，就成了「今日事今日畢」的規則。

忙碌的現代人一定都曾有過筋疲力盡地回家後，放著待洗的衣物和餐具不管，就這樣上床睡覺的經驗吧！

然而，這麼做時，隔天早上能帶著清爽的心情起床嗎？
被昨天的東西包圍著，來迎接新的早晨時，是否感到心情也憂鬱了起來？
其實，憂鬱的心情不只在看見昨天放著不管的東西時才產生。當你心想著「啊，那些事明明非做不可……」入睡時，這種不安的心情，一整個晚上都會停留在意識之中。
有些人說不定還會因此在睡夢中勤奮地將家事做完，結果卻落得以為自己好不容易做完了，一覺醒來卻得重做一次的下場。
「前後際斷」——
不後悔以前發生過的事，也不擔心未來將發生的事，每一天都全力以赴，要做到這樣，不只是心情上的問題。
必須化為行動，將非做不可的事立刻做好。「這明天再做好了」或是「那件事，從昨天就一直掛在心上」等念頭，反而是造成胡思亂想，讓心情更煩躁的原因，所以去除這些原因是很重要的。

心上的污垢若是放久了，會很難清理乾淨。

非做不可的事絕對不拖到明天，讓每一天都過得神清氣爽吧！

有備無患的方便工具

事先準備的工具 1

工作服

僧侶們每天在寺院裡操持各種勞務時穿的衣服，就是工作服。

雖然是一種和服，但是方便行動，清洗起來也很容易。除了掃除之外，進行一般事務，或是到附近買個東西時也都能穿，非常方便。

我特別喜歡深藍或黑色等沉穩的色系。不過工作服也有各種設計，也有偏好明亮色彩與圖樣的僧侶。

樣式簡單，不容易隨著時間而破舊的工作服，夏天可選擇麻質的薄布料，冬天則使用附內襯的厚棉布材質。根據季節來使用也很方便。

【如何選擇】

夏天選擇袖筒寬鬆的涼爽款式，冬天則以密閉性高的束口袖為佳。口袋數量越多，使用起來越方便。打掃時請避免選用高級材質製作的「虛有其表」工作服，而應該選擇適合工作，容易清洗又堅固耐穿的種類。

【如何洗滌】

棉製品在一般家庭就能清洗。若是在意皺摺，可於脫水後，以手心拍打布料，拉整形狀後再曬乾。

事先準備的工具 2

擦手巾

自古以來日本人就習於使用擦手巾，甚至說日本文化是隨著擦手巾發展的文化都不為過。不少僧侶在掃除時的固定穿著，除了身上的工作服外，還會在額頭上纏繞一條擦手巾。一將擦手巾纏繞在額頭上，就會自然湧現「好，開始工作吧！」的幹勁。

話雖如此，近來也有不少僧侶用毛巾來代替擦手巾。曹洞宗大本山永平寺的雲水們，把進行勞務工作時使用的毛巾稱為「工作巾」，在室外掃除時一定會纏繞在額頭上。僧侶們的光頭因為沒有頭髮保護，較為敏感，如果不用毛巾保護，撞到樹枝或建築邊角時很容易受傷。當然，對於長髮女性而言，擦手巾或毛巾可用來束起頭髮，對保持清潔也很有幫助。

【如何洗滌】

和一般清洗沒什麼兩樣。不過，有些擦手巾容易褪色，在布料染色安定下來前，或許最好單獨手洗。用久之後，還會顯現另一種味道。擦手巾的好處就是乾燥速度快得驚人，只要有一條就足以用於每天的掃除上。

【推薦】

我使用的是「かまわぬ」這家店販售的擦手巾。

事先準備的工具 3

雪駄

說到僧侶必穿的鞋，那就是雪駄了。雪駄是搭配和服穿著的夾腳鞋，也是草鞋的一種，據說是在千利休的時代所發明之物。

雪駄也可寫成雪踏，一如其名，穿著這種草鞋即使在積水或雪地上行走，水氣也不會滲入鞋面，同時鞋底貼上皮革也能防止磨損。

雪駄和工作服搭配起來不只外觀好看，據說夾腳鞋對鍛鍊腳力也頗有效果，建議每天進行掃除勞務時穿用。

近來，很多人會在室內穿手工製的「布草鞋」。自己做給自己穿的草鞋，聽起來真不錯！

【布草鞋】

材料與工具包括不再使用的舊布料、堅固耐用的布條、剪刀、夾子、竹篦和鞋底（市售品）等。想挑戰自製布草鞋的人，在日本可以上網查詢各地文化教室開辦的布草鞋教室。

譯注：相傳「雪駄」是由安土桃山時代茶道宗師千利休所提案的鞋履。中間層以榻榻米材質或是皮革居多，並於鞋底貼上堅固耐用的皮革。

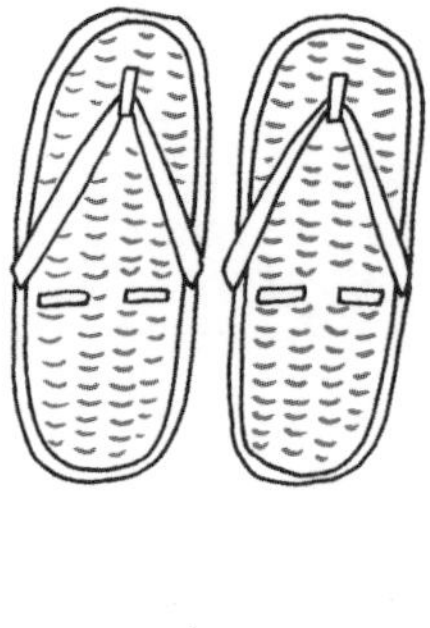

事先準備的工具 4

工作手套・腳套

戶外掃除工作不可或缺的，就是工作手套和腳套了。除了具有保護手足的機能外，還兼顧方便活動的優點。

用髒的工作手套如果放著不處理，日後髒污將會很難清理，所以每次使用完畢，可以直接戴著手套用肥皂洗手，洗乾淨後擠乾水分晾乾，即可保持清潔。

工作腳套因為在拇趾與食趾之間分開，所以穿著腳套後可以直接再穿上雪駄或分趾鞋，相當方便。將容易弄髒的腳尖及腳跟部位做成灰色的腳套，就算弄髒，在全白的腳套上看起來也不明顯，能帶給人清潔感。

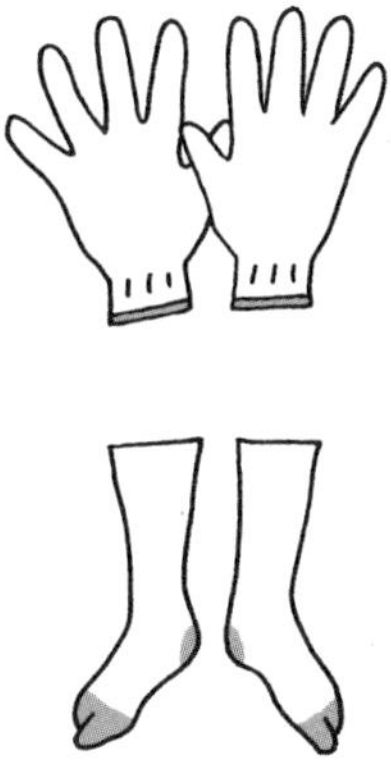

【工作手套・腳套】

戶外掃除工作不可或缺的是工作手套及腳套。

除了防止手腳被泥濘弄髒外，還可保護身體不被棘刺或玻璃碎片割傷。不過，寺院中的勞務工作不使用工作手套及腳套；僧侶基本上都是光手光腳，偶爾穿上足袋。

事先準備的工具 5

掃把・畚箕

在寺廟裡，舊時代的掃把和畚箕至今依然能夠大顯身手。

不占空間，不需要插電，必要時輕易即可取用；重量輕，拿取方便，清理起來也很簡單。仔細想想，真是好處多多的用具。

室內用的掃把，可選擇只以羽毛製成的小箒，既輕又方便。掃除屋外落葉時，最適合的則是竹掃把。

至於畚箕，選擇鍍鋅鐵皮製品，重量輕又持久耐用，應該最好用吧！戶外或庭園可選用尺寸較大的畚箕會更方便。

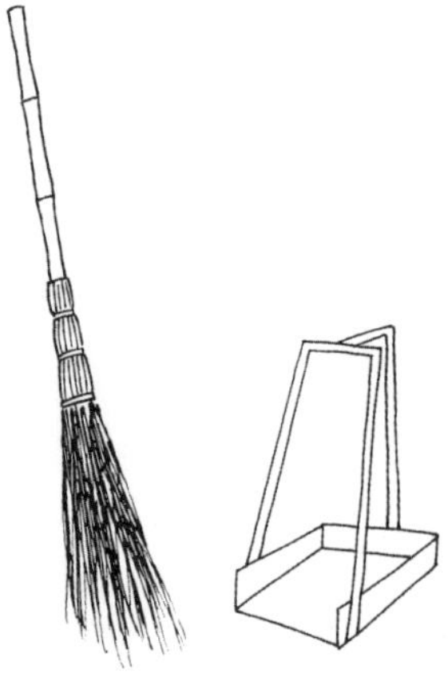

【掃把】

據說也有在掃地時悟道的佛弟子。

【畚箕】

古早時代那種鍍鋅鐵皮製的畚箕，還可買到有附蓋子的種類，稱為「文化畚箕」，又輕又耐用。

事先準備的工具 6

抹布

從前家裡的抹布，都是把用舊了的布或毛巾對折縫起，自行剪裁製成，最近則多半使用商店裡販售的既成商品。

由於沒有裁縫機的家庭比以前多，所以這應該也是無可奈何的事。但若是可能的話，或許可以嘗試使用親手製作的抹布喔！

在佛教的世界中，行者穿的衣服原本就稱為「糞掃衣」，是用不要的破布縫合製成的；藉由將破布珍惜地穿在身上，來警戒自己不驕不奢，清理內心的塵埃。

抹布也一樣，由於是很重要的工具，最好使用親手一塊塊縫製出來的成品。

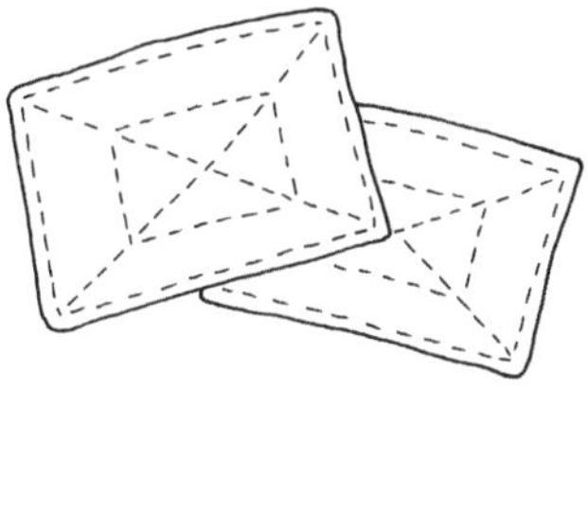

【抹布】

在佛教世界中，對物品的再次利用是基本信念。不會拿簇新的布料去做成抹布，使用完成使命的衣物即可做成抹布，直到最後都珍惜物品的生命，正是佛教的精神。

事先準備的工具 7

水桶

在掃除時，水是上天所賜與的最佳天然材料。那麼水桶作為用來儲存水的工具，當然應該好好珍惜。

戶外的掃除可使用雨水，室內的掃除則使用剩餘的洗澡水，花一點心思節省珍貴的水源吧！

進行擦拭掃除時，若將水桶直接放在地板上，會留下圓形的水桶痕跡。為了防止這種狀況，可先在木地板上鋪抹布，再將水桶放在上面。

即使是擰乾抹布時，都要留心不讓水潑灑出去而浪費。

【水桶】

很多人小學時應該都使用過的馬口鐵水桶，又輕又堅固耐用，是最適合打掃時使用的水桶。

不過，這種水桶容易生鏽，用完之後一定要擦乾保存。

事先準備的工具 8

刷子・撢子

刷子在清掃漆製品、紙門等纖細又容易刮傷的材質或物品時，最能派上用場。

紙門的格子框上容易累積灰塵，卻又不容易擦拭，清理起來頗費工夫。由於紙門材質有紙，也不能用水濕擦，一個不小心還可能擴大髒污，看起來更髒。如果是用刷子，就不必擔心這些問題了。只要輕輕掃落塵埃就很乾淨，不必再用布擦拭。

對於神像或牌位等特別重要的物品，就用有柔軟刷毛的刷子或撢子細心清理。先雙手合十行禮，再輕輕由上往下拂去塵埃。即使是金箔製的佛壇，使用日本製的手工刷子就不會刮傷，可以放心使用。

【刷子・撢子】

日本品質優良的刷子，都由繼承傳統的工匠職人一一手工製成。使用刷子時，也應該從中感受職人的用心，認真做好掃除。

較長的毛撢子在打掃天花板時可派上用場，一樣是按照由上往下的順序，將灰塵撢落。

事先準備的工具
9

鐮刀・剪刀・砥石

整理庭園時，鐮刀與園藝剪刀是不可或缺的工具。

用完之後，一定要徹底做好清理工作，因此也請事先準備砥石。尤其是鐮刀與園藝剪刀，如果在沾著泥巴的狀態下放著不管，刀刃部分很快就會生鏽。因此，用完收拾之前，請先仔細將泥巴清洗乾淨並擦乾水分；用砥石研磨鐮刀，保持隨時可使用的狀態是很重要的。

只要使用的是仔細研磨過的鐮刀，就不需花費多餘力氣，不但不容易疲倦，也不容易受傷。請將能俐落割草的工具準備齊全吧！

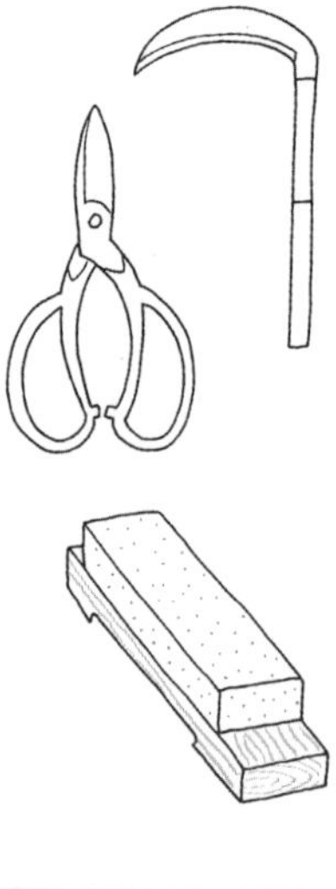

【鐮刀】

請選擇不過大也不過小，配合自己體型，拿起來最順手的鐮刀。拿的時候不是用整隻手拿，而是以無名指和小指輕輕握住。

【園藝剪刀】

請像照顧自己的孩子般細心清理吧！修剪草木時首先檢視整體，感到在意的地方用園藝剪刀修剪，同時也要注意細部。

【砥石】

用來研磨鐮刀。不好的砥石磨出的刀刃也會變得難用，所以砥石使用過後，一定要將髒污沖洗乾淨，拭乾水分，再用擦手巾等包起來存放。

第1章

打掃衛浴廁廚及隨身物品

【廚房】kitchen

在禪道場負責準備食物（負責做菜）的人稱為「典座」，這是「只有用心深入追求悟道的人，才會被賦予的職務」，負有重要的責任。

因為典座的工作正是「單純而無雜念的佛道修行」，所以站在廚房時一定要用心。

一般寺廟在舉行法事等重要活動時，在家信徒或地方自治會的人，會聚集在此做菜，所以寺廟廚房的規模比一般家庭要來得大。

流理台、鍋子、簍子……尺寸都比一般大。

在我幼年時，每逢年末婦女會的婦人們都會聚集起來，在寺院的廚房裡做出豪邁的大鍋菜，享用大鍋菜是我每年年底的期待。

供多人同時合作料理的寺廟廚房，隨時都必須打掃得乾淨整齊，所有烹飪工具也一定要放在固定的地方。

只要將廚房打掃乾淨，不管誰來輪值，使用起來都能順心稱手，馬上就能動手做菜，縮短作業時間，讓美味的料理熱騰騰端上桌。

在烹飪時需要注意的，就是廚房櫥櫃門的開闔。

一旦忙起來，往往一打開就忘了關上，其實這正是**內心鬆懈的徵兆**。

每次打開拿取後，都一定要關上。

除了可以防止灰塵堆積在餐具上，還具有整頓邋遢之心的意義。

修行僧飲食的基礎就是**精進料理**。

除了不使用肉類或魚類之外，即使是蔬菜也不使用蔥、韭菜、大蒜等氣味強烈刺激的種類。

與我熟識的僧侶之中也有料理僧，能從昆布和香菇等植物性食材中，熬煮出美味的湯頭。只要習慣刺激性較低，以蔬菜為中心的飲食，舌頭的感覺就會變得纖細，品嚐得出食物中微妙的滋味差異，味覺也會磨練得非常高明。

因為僧侶的料理都是使用當季食材，以活用食材本身滋味的料理為中心，所以不會使用罕見的調味料或大量油脂，自然而然地，所需要的廚具便能保持在少量，料理時產生的油污也很少，烹飪後輕易就能清理完畢。

此外，由於都是利用盡可能不產生**廚餘**的食材，而且一定會將食材用完，自然也能抑制廚餘垃圾的份量。

比方說煮白蘿蔔時，白蘿蔔葉不需丟棄，可切細食用；白蘿蔔皮也能切成條狀拌炒，吃起來一樣美味。

如此努力之後，依然產生的廚餘垃圾，就盡可能回歸塵土，當作肥料使用。

即使在一般家庭之中，若偶爾能嘗試和修行中的僧人採相同的飲食方式，或許也會察覺箇中好處。如此一來，每天飯後的整理和掃除都變得輕鬆了，持續下去，生活也將過得更舒適。

典座總說，要讓飲食的材料深入內心，懷抱心靈與食物化為一體的心情來烹調，透過料理達到精進修行的目的。

想擁有用心去做、對身體好的料理，首先必備清潔而整齊的廚具，以及當季新鮮食材。

讓我們用心打造潔淨而使用順手的優秀廚房吧！

如何打掃廚房

●清理流理台

爲了不讓水槽和水龍頭累積水垢，使用完一定要用乾布將所有水漬擦乾。排水孔的過濾網要在每天每餐過後，清潔得不留下一顆剩飯殘渣，垃圾絕對不能在裡面留到隔天。

●清理廚具

即使是燒焦或沾上頑固髒污的廚具及水槽，也不要泡水一個晚上，等到隔天才清洗。我們的作法是當場將髒污洗去，頑固的髒污先潑水（熱水更好）讓污垢浮出，再用金屬刷來刷除。至於水槽，用小蘇打粉來刷洗效果最好，最後也別忘了將水漬都擦乾。

●清洗東西的要訣

清洗東西的要訣，就是無論如何都不要累積。為此要做到以下兩點：

一、經常思考料理的整體順序，減少不需要的手續。

二、烹飪的空檔就先把東西洗起來，事後的整理就能更快、更順利。

只要徹底實踐這兩點，不但能縮短料理過程與時間，也能減少水的使用量。此外，這樣還能把料理過後，需要清洗的東西減到極端地少，事後的清理也就不再麻煩。

【廁所】toilet

廁所（東司）是神聖的場所。

最能代表一個家的場所，應該就是廁所了吧！

家裡有客人來訪時，大家都會注意要去整理玄關，但是連廁所都顧及的人應該比較少。

一旦客人借用了廁所，暫時就會有一段時間，只有客人自己單獨待在那小房間裡。

正因為是能如此放鬆心情的地方，對方也更容易注意到細微的部分。

像是馬桶墊的髒污、地板上的灰塵、快要用光的衛生紙……

若是有什麼不周到之處，使得廁所變成客人無法放鬆的空間，那整個家給人的印象也就被破壞了。

不只是對房子，也會破壞客人對主人的印象。

在我們僧侶的世界裡，廁所是最需要用心掃除的地方之一。

其中最有名的，就是在曹洞宗的修行道場裡，有三種不能發出聲音說話的堂舍，稱為**三默道場**。

所謂的三默道場，指的就是**僧堂**（坐禪、吃飯、睡覺的地方）、**浴司**（也就是浴室）、**東司**（即是廁所）這三處。

三默道場的共通點就是「水」。

水是生命的基礎。

而此生命基礎在居住環境中循環的，就是「餐廳」、「浴室」和「廁所」這三個地方。

水進入身體，在體內循環，再歸返自然。正因為這三個地方是能讓人們感受到這種循環的場所，所以才更要用心清掃，保持乾淨，這也是一種修行。

尤其是廁所，由於佛教相信烏樞沙摩明王在廁所中開悟，所以更是將廁所視為神聖空間。

廁所具有將不淨轉化為潔淨的力量，因為是這樣的場所，所以掃除一定要徹底，連一枚指紋都不能殘留。順帶一提，這位明王佛尊被認為具有「淨化世上一切不淨」的功德，所以有些地方也會將烏樞沙摩明王像供奉在廁所內。

關於在廁所內的禮儀，是由道元禪師所制定，現在我們也將其中的**「貫徹無言、保持清潔」**奉為圭臬，小心翼翼地修行。

淨土真宗的寺廟中，多半都設有供香客使用的廁所，但我至今從未見過被弄髒或沒打掃乾淨的情形。

不管哪間寺廟，廁所永遠是潔淨且經過細心打掃的，就連如廁時換穿的**拖鞋**

也都整齊併攏排好。

如此一來，使用廁所的一方，便能親身感受到廁所的清潔，帶著放鬆自在的心情度過如廁的一小段時光。而且正因為廁所原本就保持得清潔美觀，為了讓下一個人也能有乾淨的廁所使用，自然會保持整潔，在使用過後將廁所恢復原狀。

附帶一提，在永平寺修行的僧侶們，如廁時並不換穿拖鞋，而是直接將鞋子脫掉。

在堂內時會穿著修行僧專用的鞋子，但進入東司（廁所）時則將那鞋子脫掉，光腳進去。

與我熟識的僧侶說，永平寺的東司乾淨得能躺在地上打滾，在那裡如廁，彷彿是在進行一種神聖的儀式般莊嚴。

廁所除了是能讓人暫時放鬆心情的舒緩空間外，同時必須時時留心打掃，使它也是一處帶來適度緊張感的清潔空間。

如何打掃廁所

基本上，寺院裡的廁所都會打掃得很仔細，尤其是禪寺的廁所更是嚴格徹底執行。

即使有數間廁所需要掃除，至少都會在**早晚**各清潔一次。

其中尤以專供修行僧使用的東司，會先用擰得非常乾的抹布，擦拭木地板與馬桶，最後再用紙或淨巾（譯注：禪語中的抹布）把殘留的毛球等擦拭乾淨。也會將捲筒式衛生紙的末端折成三角形。

保持廁所清潔的祕訣，基本上就是「**不把廁所弄髒的如廁方式**」。

希望人人都能用不弄髒廁所的方式如廁，**首先就得要求自己每次使用過後，都將廁所恢復得比原本還乾淨，這樣才能保持廁所裡的緊張感。**

公共廁所等地方，總是在出現一、兩個塗鴉之後，髒污就會突然一口氣增多，與這是相同的原理。

因爲原本很乾淨，所以不會去弄髒。
因爲不會去弄髒，就能保持乾淨。

只要這個原則一被打破，廁所就會一口氣變髒。
首先，就從自己樹立起模範吧！

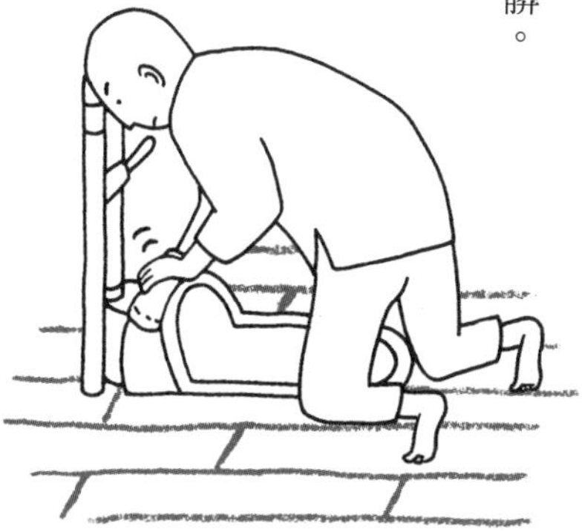

【浴室】bathroom

對你而言，浴室是個什麼樣的地方？

淋浴洗去一天下來身上的污垢，泡在浴缸裡喘一口氣。

相信很多人都認為，浴室是治癒每天疲勞身心，最讓人放鬆的場所吧！

一如前項「廁所」中提到的，**在禪寺中，浴室屬於三默道場之一**，是被特別重視的場所。

在寺院裡入浴有規定的方法和禮儀，最初洗澡時身邊還跟著前輩指導，在浴室裡從頭到尾都很緊張（清洗身體時甚至還得保持正座姿勢）。

進入澡盆浸泡前，必須將身體徹底清洗乾淨，在洗去污垢之餘，為了節約用水，可以將沖下的熱水儲存在木桶中。

道場裡雖然有一次可供十人入浴的大澡堂，最理想的狀態就是**一百個人洗完澡後，澡盆裡的熱水依然如河川般清澈潔淨**。

進入澡盆時，盡可能不發出聲音。嘩啦嘩啦潑出大量熱水的方式，不但破壞寧靜，還很浪費水。

浴室中的洗澡用具，只有澡桶。

帶進去的東西，除了肥皂之外，就是擦手巾（毛巾也可以）。

洗完澡離開浴室之前，要把用具全部仔細整理好。將澡桶放回固定放置的地方，水龍頭使用後也要轉回同一個方向。總之，所有東西都要好好歸位。

水是生命的基礎，在與此相關的場所，容易看出人的本能。

更別說浴室和廁所一樣，都是別人看不到的地方。

人類的本性在這裡更是表露得一覽無遺。

正因為是這樣的場所，所以更要隨時保持清潔，使用時也要按照規定的禮儀與動作進行。如果放著不整理，浴廁是最容易髒亂的地方；而當我們加倍用心清潔整理時，內心自然也會變得潔淨有條理。

在潮濕的浴室裡洗澡，內心也會變得陰暗潮濕。浴室裡發黴，心也會跟著發黴。隨便清洗身體的人，也無法洗脫內心的污垢。

形同生命基礎的水流動過的地方（如浴廁），如果弄髒了卻不馬上清理，連自己內心深處都會跟著變髒。反過來說，**只要保持這些地方的清潔，也就等同直接滌淨了自己的心靈**。

上善如水——這句話的意思是說，原本最理想的生活方式，就是如水般柔韌澄淨的狀態。水是萬物之源，有水的地方，就有道路。

清洗浴室時，要懷著洗滌內心污垢般的心情用心洗刷。

如何掃除浴室

以舒適的正座姿勢，來洗刷浴室地板吧！

使用橢圓形鬃刷徹底將水垢刷乾淨（不過，若浴室地板是容易刮傷的材質，最好改用海綿刷）。

難以刷除的頑垢，可用小蘇打粉來對付。

掃除過後入浴時，很容易因心情輕鬆愉快而不小心哼起歌來，此時可別忘了浴室屬於三默道場之一，偶爾也試著用修行者的心情默默入浴如何呢？

【洗衣】washing

現代人或許無法想像不用洗衣機怎麼洗衣服，但從前的人卻是使用臉盆、洗衣板，以肥皂與灰汁（譯注：將灰放入水中沉澱後，取出上層的澄清液體即爲灰汁，可用來洗滌）作為洗衣劑來洗衣服的。

現在許多道場都設有公用洗衣機，不過像是足袋底部的黑漬等，用普通洗衣機洗不掉的頑垢，最好先用手洗去髒污。

當衣服上沾染污垢或斑漬時，一整天都會感到介意而心神不寧吧？

如果沒有這種感覺的話，就證明你對自己的服裝儀容毫不在乎，這也是內心

開始雜亂無章的徵兆。

穿上雪白的襯衫，心情也會收束振奮起來。把衣服上的污垢和黑斑洗掉，保持一顆抖擻的心吧！

附帶說明，僧侶們的內衣褲也是白色的。穿在黑色僧袍下的，是白衣與白襦袢（譯注：日本男性和服在外衣與內衣中間穿的中衣）。既然如此，內褲也必須是白色的；得度（譯注：得到引度，披薙出家）時穿的白色內褲，連形狀都有所規定。

除了具有清潔感這個原因外，選擇白色的主要理由，還是在於為了除去多餘裝飾。

剃度落髮、指定衣服及所持物品、按照規定的禮儀行事，這一切都是為了排除虛飾，讓僧侶以謙虛的心情，帶著原原本本的自己面對佛道之故。

事實上，**穿著白色內衣褲時，心情也有如受爽朗和風吹拂**。

即使外面套上別的衣服，白色給予的感覺仍能從肌膚傳達。不曾嘗試穿白色內衣褲的人，請務必嘗試一次看看。

此外，關於洗淨衣物的晾曬，由於現代人生活忙碌，是否有很多人習慣將這個任務交給烘乾機，或是即使在戶外曬乾了，卻連折疊都不折疊，就直接取下曬乾的衣服穿上呢？

這麼做確實省時又方便，然而，**省下這一個步驟的同時，卻增長了內心一份甚至兩份的鬆懈**。

借助太陽的力量，在大自然中曬乾衣物。即使要換穿時，也應該先將衣物收拾在它們應該存放的地方，再從中取出新的衣物替換。

該洗的衣物，每天都要洗。

洗乾淨，晾乾，折疊好，收進衣櫃。

光是好好執行這些步驟，就得花上一番工夫，所以為了不讓自己做起來負擔過重，最重要的就是不要大量累積，當天該做的事當天內請一定要做完。

養成每天做的習慣，生活就能過得順利無礙，最大的好處是污垢也更容易洗淨了。一旦怠惰下來，當天的心靈未能得到洗滌，髒污便會累積在心上。

在每一天的生活中，該洗清、沖乾淨的，不只有衣服而已。

正因為我們人類只要一個大意，馬上就會衍生出怠惰之心，因此更得每天洗衣才行。

如何洗衣

棉布材質一沾濕就容易變皺，所以洗乾淨後，就要馬上拍打撫平皺摺，再將衣服曬乾。

有時會看見有人不把皺摺拍平，就直接晾上曬衣竿，**這麼做就不算確實完成「洗衣」的工作**。

我們當僧侶的人，衣物上最容易沾到的污垢就是「墨漬」、「茶漬」和「汗漬」等。

墨汁或茶水留下的污漬，因為是不小心沾上的，通常只占衣物的一小部分，只要輕輕沾濕染上污漬的部位，用肥皂搓揉洗淨即可。

用水沖掉肥皂後就算完成，若還有洗不乾淨的頑漬，可用具備鹼性的**小蘇打粉**來洗淨，這是一種天然的漂白劑，對付黃斑和汗漬也很有效。

此外，**醋**也能當作衣物柔軟劑來使用喔！

順便說明一下，寺廟裡晾曬衣物時，一定要晾在從外面看不到的位置。爲了隨時都能迎接香客上門而不感到羞恥，我們會將衣物晾在寺廟後方通風良好的地方。

該洗的衣服別堆積。

即使少量也該每日洗衣，並立刻晾乾。

如此一來，不但外觀清爽，也不需要持有太多替換用的衣物。

【熨燙】ironing

每天要穿的衣服，希望都是沒有一絲皺摺的。我們僧侶連在僧袍下穿的白衣與襦袢，都會熨燙得平整才穿上。

如此一來，**一整天心情都能保持振奮**。

皺紋雖是衰老的象徵，也有高齡八十或九十歲仍充滿精神活躍著的老僧。這是因為他們不只心情，連外表都少有皺紋（皺摺），所以看起來才如此年輕。不管怎麼說，**身心如一，身體反映心靈，心靈也反映著身體**。

連自己的內在，也用振奮抖擻的年輕心態來熨燙吧！當然，用熨斗燙過的衣服，更要小心不使其發皺。

如何熨燙

熨燙衣物的時候，心情要像是在爲心靈撫平皺摺一樣。順便跟大家分享，熨斗對我們僧侶而言，還有其他特別的用途，各位或許可以參考看看。

蠟燭不小心滴落地面時，在凝固的蠟油上鋪報紙或宣紙，上面用熨斗一燙，不可思議的事就發生了，蠟塊就此清除得乾乾淨淨。

滴在衣物上的蠟油，也可鋪上宣紙後再熨燙，如此一來，蠟便會附著在紙上，即可輕鬆除去。

※使用熨斗時，請小心安全！

【衣櫥換季】koromogae

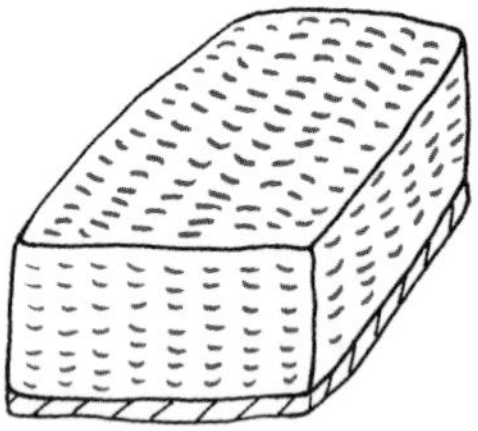

我聽說越來越多人不替衣櫥換季。

原因似乎是因為整年都能穿的衣服，以及每季添購的便宜新衣都增加了的關係。的確，如果這樣能省下衣櫥換季的麻煩，或許也頗為合理。

然而，衣櫥換季就跟大掃除一樣，除了合理性之外，還有更大的優點。

衣櫥換季其實可視為季節重大活動之一，進行衣櫥換季也能讓我們**「為心靈換季」**。

不替衣櫥換季，等於失去為心靈換季的重要機會，結果就是過著一整年都沒有更迭起伏的生活。

衣櫥換季是為季末做總結的生活大事。

對這一季辛勤工作的衣物們表達感謝之情，懷著「您們辛苦了」的心意，將衣物清洗乾淨或送洗吧！

絕對不能心想「明年要穿之前再洗就好了」，而在骯髒的狀態下將衣物收起來。為了下次季節輪替時，也能心情愉悅地穿上它，請徹底執行寺廟掃除的基礎規則「**今日事今日畢**」。

在我們僧侶的世界中，僧袍也分夏裝和冬裝，淨土真宗本願寺派並明訂每年的六月一日和十月一日是衣櫥換季的日子。

替衣櫥換季前，首先要清洗衣物。沾染汗水與污漬的衣物若直接收納，臭味會深深滲入衣物纖維，也容易遭蟲啃食，所以一定要徹底清洗，在太陽下曬乾。

我們也會趁替衣櫥換季的時機修補衣物。僧袍穿久了，難免會有繫帶打結處變短，或是衣襟、衣擺處破裂的情形發生，這些在收納之前都要仔細檢查。

等上述步驟完成後，終於要收納保存了。

首先請準備好防蟲劑。寺廟裡經常使用的，多半是無香氣或是購自傳統香鋪、氣味良好的防蟲劑，也會使用樟樹製成的天然樟腦，以及抽取自檜木的天然防蟲成分。

衣櫥建議最好是使用**桐木櫃**。這種材質的衣櫥防蟲效果高，甚至有些寺廟認為，採用桐木櫃就不需要再用其他防蟲劑了。

當然，桐木櫃並不便宜。雖然需要一點勇氣才買得下手，但畢竟是耐用的好東西，可以使用很久，或許可以考慮作為代代相傳的用品來購買。

聽說光明寺的老奶奶（住持的母親）每逢替衣櫥換季時，都會感慨地想著「今年也能有機會完成這件工作呢！」似乎在衣櫥換季的當下，感受到季節的交替與時光的流逝。

在季節更迭的時刻，心懷感恩。

這種區隔、轉換心情的方式，是只有替衣櫥換季的人才懂的。

如何替衣櫥換季

或許會有人認爲桐木櫃是專門用來保存和服的家具，其實它當然也能用來收藏現代洋服。

很多寺院都有代代相傳的桐木櫃，因爲桐木櫃是一種非常持久耐用的家具。

光明寺在替衣櫥換季時，經常使用從京都老牌香舖訂購的防蟲劑。

【餐具】tableware

寺院裡使用的餐具形式非常簡樸。

沒有多餘裝飾的常用固定款式餐具，按需要的數量買齊一套後，就可以使用好幾十年。

比方說陶瓷做的飯碗，或是塗漆材質的湯碗。

儘管價錢多少貴了點，但一定要選擇最常使用、用起來最順手的物品。

如此一來不但持久耐用，因為是最常使用的類型，萬一壞了，要補充時也不怕市面上沒有庫存，缺什麼就買什麼回來補上即可。

人如果不吃東西，將無法維持生命。

所以裝盛食物的餐具，**就是支撐生命的重要容器，在對待餐具時，要比其他生活用具更加小心謹慎**。

另外想在此一提的是，禪宗修行僧們都擁有名為「**應量器**」或「**持鉢**」的食器（餐具組），並遵循嚴格的用餐規範進食。淨土真宗的僧侶雖然未持有這樣的餐具組，但我認為這是非常具備合理性的作法，也感到深深佩服。

應量器除了有六個碗外，還有筷子和湯匙等餐具，這些都和布巾一起包在袱紗（譯注：絹帛製的包袱巾）裡。

用餐時，先從布巾中取出食碗，排放在餐桌上靜待打菜。三餐中不管哪一餐都使用三個食碗，只是早中晚使用的食碗大小各不相同。

最大也放在最外側的食碗稱為「**頭鉢**」，據說這是為了表現釋迦佛陀頭部形狀的關係。因為不能直接放在下面，所以頭鉢會放在最小的鉢上。

當負責打菜的僧侶走到自己面前時，合掌並遞出自己的碗，打菜僧侶會分別將飯、湯和醃漬物盛進碗中。用餐的場所也是三默道場之一，所以進食時不可說話，讓心靈也平靜下來。

飯食是大自然的恩賜，理所當然地，煮的人不可煮到超乎所需的份量，吃的人也不能殘留飯菜。碗中盛入自己所需足夠的份量時，就要對打菜僧侶做出已經足夠的表示。

在此值得另行一提的是，雲水們不洗碗。

這是因為在用完餐時，食碗早已清理乾淨了。

雲水們使用一種名為「鉢刷」——在先端縫上布片的二點五公分漆器扁匙，來沾取用餐最後拜領的茶水，按照食碗的大小順序，將上面剩餘的食物殘渣擦拭起來。

之後，**再用熱水注入食碗清潔，並喝下熱水，這時食碗已經完全乾淨了**。

洗好的食碗最後再用布巾拭除水分，即可收納。

在禪寺中，若不小心將餐具掉到地上是很嚴重的，必須跑遍整間宿舍向前輩一一道歉。因為只有不重視餐具的人，才會讓餐具掉落在地。餐具一定要用雙手小心謹慎地捧著。

這些動作姿態都兼備自然與機能美，當我們用審慎的態度面對所有事物時，都會表現在動作姿態上，您何不也在日常生活中試試看呢！

有一句話是這樣形容傳統的：

杓底一殘水，汲流千億人（將杓底殘留的水倒回河川，嘉惠往後千億汲水使用的人）。

這句話的意義在於，即使只是杓底殘留的一滴水，也能成為支撐千億生命的水源。

在我們日常生活之中，也要從一滴水出發去感念廣大萬事萬物。

僧侶的規範作法之所以要求不可有多餘浪費，並不只是為了節能環保的目的；**為了洗脫心靈上的污垢，也必須減除多餘的浪費才行**。

話雖如此，我們在寺院中待客時，也會使用一般餐具，**不要特意勉強也是很重要的**。使用少量清潔劑也沒有關係，若想漂白砧板或清潔餐具，還可以活用小蘇打粉。當然，請盡可能選擇對環境和身體都無毒無害，同時對大自然友善的天然製品。

餐具是生命的支柱，

請好好珍惜餐具吧！

整理餐具的方法

●應量器

基本上僧侶日常生活中的進食，全靠這六個食碗即可。每個大小都有一點差異，可以全部疊起來收納，所以收納時不占空間。

【應量器裡有些什麼】

膝掛巾、淨巾（或是白布巾）、鉢單、刷、匙、箸、匙莇袋、水板、應量器袱紗。

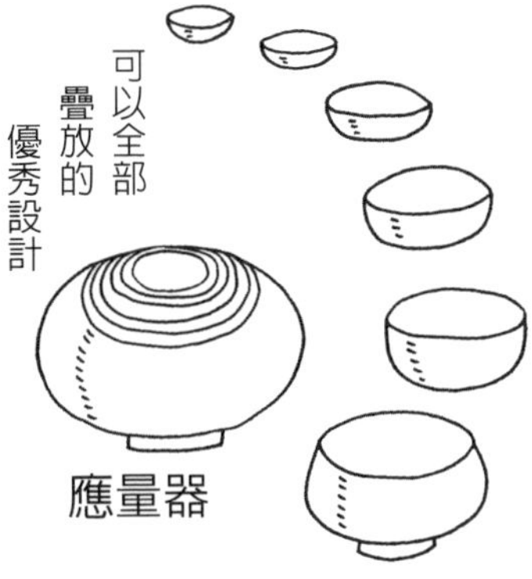

【修補】 repair

不管是什麼東西，只要持續使用就無法避免耗損。可是大部分的東西，耗損的部位差不多都是那幾處，只要把那些地方修補好，很多東西其實都還可以用吧！

寺院生活愛物惜物，**修補**物品重新使用當然是基礎中的基礎。

每逢有四或九的日期，就是永平寺的雲水們整理身邊物品的日子，在這些日子裡，會對破損的衣物等用品進行修補。我們將之稱為**四九日**。一般家庭或許也可像這樣，將四九日訂為家中物品定期維修的日子。

近來，市面上出現許多相同或近似的商品，幾乎大部分的商品都能找到代用品。就算什麼東西壞了，比起修補後重新使用，不如買新的比較快又便宜，這應該是大多數人的想法吧！

然而，一旦過起這樣的生活，不只是對物品，就連對人也會產生這樣的想法；總有一天，心靈將會變得疲憊。

一樣物品，只要作為物品的生命還存在，就要珍惜地修補後重新使用。過著這樣的生活時，隨著對物品的心態改變，面對他人時的心態也會改變。同時，心靈也能重拾平靜。

與其不斷追逐日新月異的商品，不如在生活中長久使用某一樣物品。只要持續過著這樣的生活，自然就懂得珍惜周遭的人事物。

修補破損的物品，人與人之間破裂的緣份也能逐漸恢復。

關於物品，即使無法修補得完好如初，仍該秉持「**活用於與原本職責或機能不同的場合**」之精神，為物品尋找出不同的用途，使其繼續大顯身手。

比方說，嚴重漏水的水桶，或許可以改為植栽時的容器；再也無法使用的竹掃把，只要有兩把就能用來製作兒童玩踩高蹺的道具。

永無止盡追求嶄新物品的人生，將成為因物品而煩惱，失去自由的人生。只有在有限的物品中享受豐富創意的人，才是真正懂得心靈自由的人。

你想過什麼樣的人生呢？

如何修補

【容器．工具類】

陶瓷器的裂縫，可以請專門修補的店家使用金銀塡補，就能重生爲美麗的容器。鍋子和茶壺可以不定期調緊螺絲，壞了就修補。

【衣物】

越喜歡的衣物越容易破損，我們僧侶會將兩件破損的衣物接合起來，使其成爲一件完好無缺的新衣服。襪子（以僧侶來說就是足袋）也是一破洞就縫補。

【書本】

經常翻看的書頁邊緣容易起毛破爛，可以磨平的方式修補，就能繼續使用。輕微的破損則可用專門補書的膠帶修補，程度嚴重的話就送到專門店修繕。

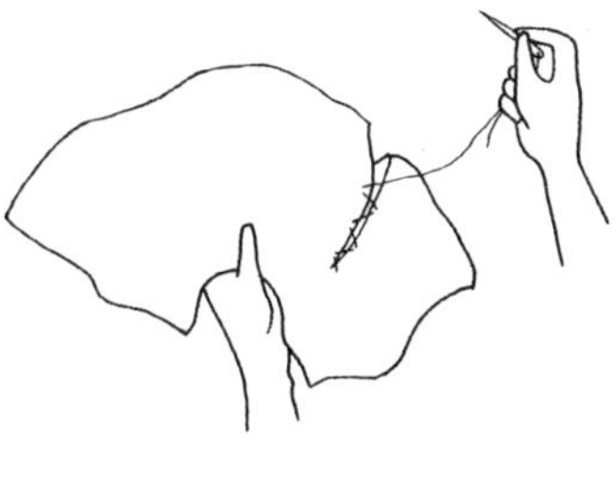

【除臭】deodorization

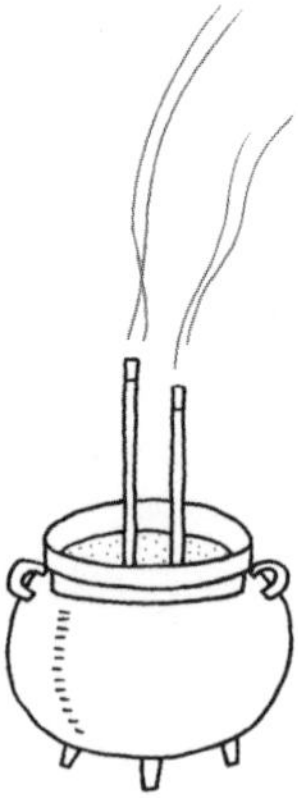

寺院裡總是飄著焚香或線香的氣味，很多人都覺得這樣能讓心靈沉著平靜。

確實，寺院裡總是充滿線香的氣味，不過這也正是**因為寺院裡不囤積多餘物品，保持乾淨開闊的空間，才使得香味更加明顯**。

除臭的基礎就是換氣。讓空間經常保持良好通風，**生活在當下吹拂的風中，**感受當下每一刻。

養成這樣的習慣後，心靈也能總是充滿乾淨新鮮的空氣，越來越不容易感覺煩躁。

如何除臭

暗中助寺院香氣一臂之力的，其實是木炭或綠茶等天然除臭材料。

比方說備長炭，不但放著外觀好看，有需要時立刻可充作燃料，很多寺院裡都看得到放置備長炭的角落。

說到備長炭，日本最有名的應該是紀州或土佐產的吧！

形狀優美的備長炭還能和當季鮮花果實組合起來，用來當作室內裝飾品。

此外，寺院裡待客時沖泡的綠茶茶葉或咖啡渣，乾燥之後，也是很常用的除臭劑，放置在鞋櫃或廁所裡就能發揮功效。

備長炭不僅可以用來佈置室內，有需要的時候立刻能夠用來當燃料。

【防黴】 mold

為何會產生發黴的情形呢？

因為黴菌是一種生物，會找尋適合居住的地方定居。

黴菌喜歡的是日曬不良、通風不好、濕氣又重的地方。

無論是怎樣的房間，只要是連一樣東西都沒有的地方，就不會發黴。

當東西太多，無法好好整理時，就會遮蔽日照、阻擋通風，使濕氣沉積，這麼一來，會替黴菌打造出絕佳的生長環境。

東西多到無法好好整理時，就是心靈雜亂的證據。

換句話說，屋子生出黴菌，是心靈即將發黴的預兆。

對抗黴菌的基礎，就是不要持有容易發黴的東西。

同時，不要製造出容易滋生黴菌的場所也很重要。

因此，**請勿持有多餘的物品，屋內也不要放置不需要的東西。**

丟棄不需要的東西是有其必要性的。

確實做好物品的整理收納，生活用品使用之後，也請徹底晾乾或擦乾。特別是廚房浴廁等有水的場所，必須慎選用具，重點在於要除去水滴或水分。

只要注意不要創造出潮濕的場所，黴菌就沒有產生的餘地。

像最近常見的高氣密性建築物，窗玻璃上經常因為反潮而滋生黴菌。請確實擦乾窗戶，拭除水分吧！

只要徹底將水分擦乾，就算不使用除菌噴霧劑等藥品，也能夠充分防黴。

住在發黴的屋子裡，對身心健康都不好。

請仔細拭除重重濕氣，隨時保持屋內清潔吧！

如何對抗黴菌

擊垮黴菌的鐵則一：不要擁有多餘的物品。
擊垮黴菌的鐵則二：經常換氣，拭除水分。

爲了不讓心靈也發黴，第一要務便是不能創造出讓黴菌滋生的環境。不持有過多物品，並且隨時提醒自己好好整理收納，一定也能保持心靈清爽通風。

第2章

打掃房間

【地板】floor

在寺廟的掃除工作中，擦地是基礎中的基礎。

有成群僧侶進行勤務的寺廟，一年三百六十五天，沒有一天不擦走廊地板。

因為每天都徹底將地板擦乾淨，走廊隨時美侖美奐。擁有好幾百年建築歷史的寺院木地板往往會隨著顏色加深，表面更早已如化石般細緻，而散發透明感。

前往經常打掃整理的寺院時，不管在走廊上來回走幾遍，穿白色足袋的腳底依然維持雪白，絕對不會弄髒。

將已經保持得如此乾淨美麗的地板，打磨得更光亮，就是僧侶的修行內容。

儘管已經一點也不髒了，每天還是要擦拭。

藉著擦拭地板，也擦亮自己的內心。

在一般家庭中，去除髒污或許是第一要務，只要地板已經擦乾淨了，再去擦拭一點也不髒的地板，可能會讓人覺得沒有意義吧?!可是，**只要試著每天擦地，就會實際明白，這麼做也能讓自己的心靈同時得到清理**。

身體裡累積了塵埃，換句話說，也就是內心的「氣」變得雜亂時，外在表現出來的就是髒亂的房屋。**擦拭地板時若發現髒污，就是一個提醒自己內心雜亂的警訊**。

像這樣，內心是否雜亂可以從反映出的外在環境來確認。相對地，掃除環境就是一種修身養性的方法。

不用說，居家環境只要放著不打掃一定會堆積灰塵。就算是落葉，一邊掃還是會一邊從樹上掉下來。

心靈也一樣。從自認為擦亮的瞬間，塵埃污垢就開始累積了。腦中充滿對過去的執著與對未來的不安，心靈便逐漸遠離「當下」這個瞬間了。

正因如此，我們僧侶才會傾注全力擦拭地板。**掃除是一種讓心靈集中在「當下」的修行**，堅持維持室內整齊美觀的原因就在這裡。

京都實相院因為能欣賞到樹木繽紛色彩映照在地板上的美景，成為擁有著名「地板紅葉」的寺院。到底要將地板擦拭得多麼深黑發亮，才能讓事物映照在上面呢？

在家中，也請大家抱著擦亮心靈之鏡的心情，將地板擦拭得光潔明亮吧！

如何擦地

在開始擦地的勞務之前，必須先做事前準備，用掃把將地板掃乾淨。掃地作業結束後，才能開始擦地。用水桶裝水洗抹布並盡量擰乾，用抹布一口氣擦拭整片地板。

這時並不需要使用清潔劑，也不必再乾擦一次。因爲盡可能擰乾的抹布幾乎已不含水分，地板擦完時抹布也差不多乾了。

擦地時，腦中不要想多餘的事，讓身體自然集中在勞務上。一個人擦地時可以默默面對自己的心；許多人一起擦地時，則該隨時察看注意其他人的動作，留心思考自己在群體中該負責什麼工作。

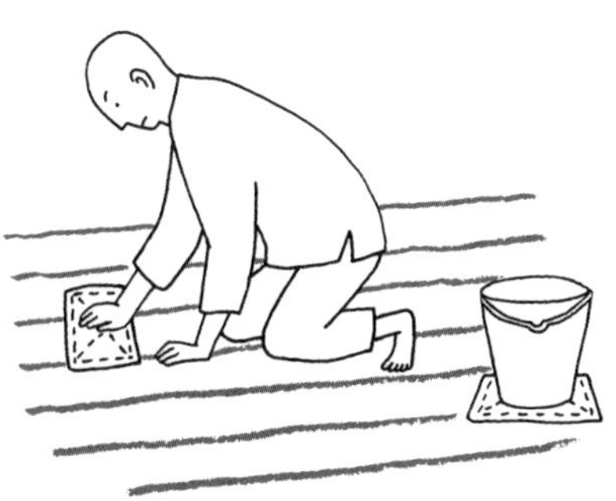

【壁龕・待客室】guest room

自江戶時代起，壁龕便常見於日本一般家庭，可說是和室的象徵，非常受到重視。

壁龕牆上掛有畫軸，下面有時插花，有時擺放香爐，櫃子上則會有簡單的擺飾，這就是壁龕的基本形式。

會隨著季節變換而改變裝飾，演繹四季風情的壁龕，可說是日本人迎接來客時，待客室的「門面」。

我們僧侶也特別重視待客時是否周到。

紙門的木框格和背面的障子紙（譯注：門紙的專有名稱）**等不容易看見的地方**

也不能忽略，一定要打掃。客人也可能起身細細瀏覽房中每個角落，再說，就算是看不見的地方，**髒污和散亂也會透過空間裡的氣氛表露無遺**。有時，當人們姑且把四處散落的東西塞進壁櫥裡，整個房間可能就會散發出一股「這個空間裡存在著一個亂七八糟壁櫥」的氛圍。當然，天花板與紙門中間的氣窗格等要伸長手才擦得到的地方，也要徹底做好掃除。

整間房間都打掃過一遍後，仔細用眼睛確認屋內每個角落，檢查是否還有灰塵或垃圾，以及是否還有不必要的東西，也檢查物品是否排列整齊了。

另外，因為是要招待客人的地方，該有的東西當然更是不可缺乏。茶葉和點心是否數量充足，熱水壺裡裝滿熱水了嗎？座墊是否夠用……這些都需要確認。

這一切都是為了讓客人置身在這個空間時，獲得舒適的感受。我們的理想目標是，當客人從這裡離開時，隨著留在身心的舒適感受，只需要將當天造訪的目的明確停留在記憶之中。

讓有事登門造訪的客人「**心情不受多餘事物影響，能夠放心地集中精神在想說的話上**」，我們想呈現給客人的就是一個這樣的空間。

若是室內到處是灰塵，或是窗戶上滿是手垢，會讓客人分心，也就無法順暢地進入正題了。

因此，也該盡量避免擺放在壁龕的裝飾品，過度奢華或散發突兀的存在感。只要少許簡單美觀再帶一點玩心的東西，能為客人舒緩心情就可以了。

喫茶去。

這是一句禪語，意思是「請用茶」。

最好的壁龕與待客之道，就是無論造訪的客人是誰，都能和對方自然而然達成心靈上的交流。

如何掃除壁龕

先用抹布乾擦，接著才濕擦。
只要用心擦拭，光是乾擦也能擦出光澤。
最後，掛上配合季節內容的掛軸，搭配簡單的插花裝飾即可。

【佛壇】butsuma

身為僧侶，經常為了上門誦經而叨擾一般家庭。

抵達對方府上後，通常主人會帶領我從玄關經由走廊，穿過茶室，最後抵達佛壇（設置佛壇的房間）。

每個家庭室內建築或隔間都不一樣，但很可惜的是，多數家庭都有一個共通點，那就是……

「佛壇沒有受到重視」。

舉個嚴重的例子，有一個家庭甚至將看起來幾乎沒使用過的巨大運動器材，放在設置佛壇的房間正中央，上面還佈滿了塵埃。佛壇對這家人來說，**已然形同儲藏室**。

目睹這樣的現象，讓我有些失望。

各位家中也有擺設佛壇嗎？

名符其實地，佛壇就是供奉佛像的地方。

也有人以為佛壇就是用來祭拜祖先的場所，其實正確來說，佛壇供奉的是包括過世成佛的祖先在內，所有的「佛」。換句話說：

佛壇等於是每個家庭中的「小小佛寺」。

請將佛壇視為表達感謝之情，同時也能作為心靈依靠的場所，在自家中設置佛壇吧！如果住的是公寓等空間較狹小的住宅，也可以只用櫃子的一層當作供佛的佛壇，花一點心思還是可以辦得到呢！

每天早晨和傍晚，在固定的時間獻上供品，雙手合十，就能獲得一天生活中內心的平靜。

若說佛壇是家庭之中的大雄寶殿，設置佛壇的房間就可比喻為寺院。這樣的房間如果總是骯髒散亂，生活全體都會變得紊亂無章。

請記得佛壇及設置佛壇的房間就是家中的寺院，隨時都要保持得比其他房間更乾淨清潔。

如何掃除設置佛壇的房間

設置佛壇的房間跟壁龕、待客室一樣，需要簡樸的擺設和用心清掃。請打造出能在肅穆沉靜的環境中，好好禮佛的空間吧！

【香爐】

可使用灰鏟整理香灰。線香燒完後的灰渣放久了，可用灰篩處理，就能重新獲得鬆軟的香灰，插在裡面的線香也能順利燃燒到最後。

【佛像本尊・牌位】

金箔部分請注意不要直接用手摸或用布巾擦，只要用毛撢子輕拂即可。

【佛壇・佛具】

佛壇和佛具都很容易碰撞刮傷，漆器或金銀製品的佛具，可以用柔軟的布料輕柔擦拭。如果使用太硬的布料或研磨劑清理，可能會導致褪色，請多留意；也可善用佛壇專用的擦拭布。如果有必要大規模正式清理（我們稱為「洗濯」佛壇）時，請委託專門業者。

【紙門】 shoji

更換紙門上的障子紙，也是寺院僧侶的勞務之一。

這是因為來參拜的香客，尤其是兒童，經常會不小心把紙門弄破。僧侶需要立刻換掉破損的部分，讓紙門恢復原狀。

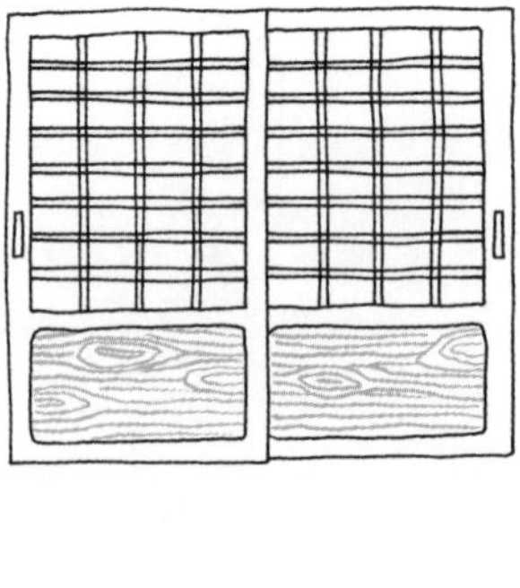

此外，就算紙門沒有破，用久了之後也會隨時間髒污變黃。

障子紙既然是紙，就不能用抹布濕擦，所以即使沒有破洞也要定期換新。這樣的**「障子紙更換勞務」**，都會在季節交替時進行。

最近世間什麼都講究輕便，用完即丟，但是在那樣的生活之中，將不可能產生對物品的感謝之心。

就這點看來，紙門這種東西，不但不可能經常買新的，卻也沒有「不會破的障子紙」這種方便的東西存在。在現代生活中，可說是非常麻煩的東西。如果不定期維修保養，很難長期保持良好狀態。

然而，**正因為這樣的不便，生活在現代的我們反而能從中學到許多**。

在使用障子紙的過程中，我們因此了解生活中包圍在我們周遭的用品，必須經過多少繁複的步驟才製造得出來。透過自行更換障子紙的勞務，內心也會自然萌生想好好珍惜使用的愛物之情。

那些親手整理修繕的生活用品，會自然散發一股彷彿發自內心的溫度，透過物品傳遞到空間之中。看到這些物品的人，也會因屋主對房屋每個角落的用心，而感到怡然自適。

替換障子紙，是學習維修自己住宅的大好機會。

建議可以讓家中的孩童來負責這個任務。

既然是自己親手更換的紙門，他們一定不會再去弄破。

如何替換障子紙

傳統的方式是以配合紙門格子的高度，用好幾張美濃紙一格一格更換的做法為主流，不過最近採行直接貼上一大張障子紙的人也增多了。

一、先用富含水分的海綿等工具，塗抹貼有障子紙的木格，將木框沾濕，等漿糊化開後再慢慢除下障子紙。

二、把木框擦乾淨，並確實乾燥。

三、用膠帶將一整卷大張的障子紙邊緣，固定在預計要開始貼的地方，再以專用毛刷在木框上塗滿漿糊，趁漿糊還沒乾時，攤開障子紙貼上去。

四、最後將多出的障子紙裁下，大功告成。

【照明器具】 lighting

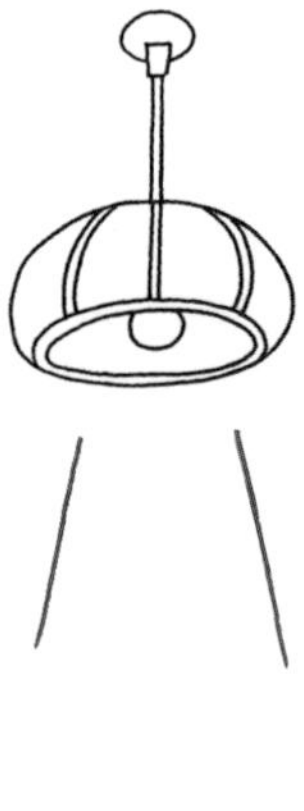

位於高處的照明燈罩，想要每天清理是很困難的。

我們僧侶也沒有每天清理照明器具。

然而，正因為是平常無法輕易碰觸的地方，建議最好**訂定固定的日子，按期清理乾淨**。

連無法每天清理的地方都定期掃除，就不會遺漏任何地方了，如此便可隨時保持每個角落整潔美觀。

在永平寺，我們固定於**有「三」和有「八」的日期**，定期打掃沒辦法每天清理的地方。

打掃這一類場所時，通常也需要比較多人手，如果和家人同住的話，可以大家同心協力。

現在使用得相當普遍的電燈泡，在過去是只有日落後，才被允許使用的照明設備。因為我們現代人理所當然地生活在電力普及的生活中，更該好好擦亮這些寶貴的照明設備，才不至於浪費。

在佛教的世界中，**光象徵著智慧與慈悲，具有深遠的意義**。我所隸屬的寺廟也正叫做光明寺。

佛教教義的終極目標，是要克服人生的痛苦，得到開悟；而造成人生痛苦的根本原因，我們稱之為「**無明**」。

所謂無明，就是失去光明的狀態，也可以說是在黑暗之中迷失方向的狀態。

因為看不清事物的真理，所以才會產生煩惱，引起痛苦。

將「無明」打破的「智慧」，換句話說，就是透過心靈與身體得知事物的真理。阿彌陀如來背後的光亮與光明，表達的就是拯救一切世人於苦痛的心願。

在佛陀的智慧之光照耀下，人們才第一次找到方向，脫離迷惘。

清理照明器具時，可以一邊想像自己正在擦亮打破「無明」的智慧之光，如此一來，日常生活中的煩惱或許也會獲得減輕。

如何清理照明器具

清理照明器具時，一開始先用毛撢子拍落灰塵，接著以盡可能擰乾的抹布擦拭。如果有幫手的話，最好兩個人一起做。

一個人站上馬梯，幫手在下面支撐。在下面負責支撐馬梯的幫手，還可以幫忙遞抹布和其他工具給上面負責清理的人。

仔細地擦拭，彷彿即將擦亮的是心靈之燈。

眼被煩惱無明障
攝取光明雖不見
大悲親心無厭倦
恒常不捨照吾身

親鸞聖人這首詩也令人感動。

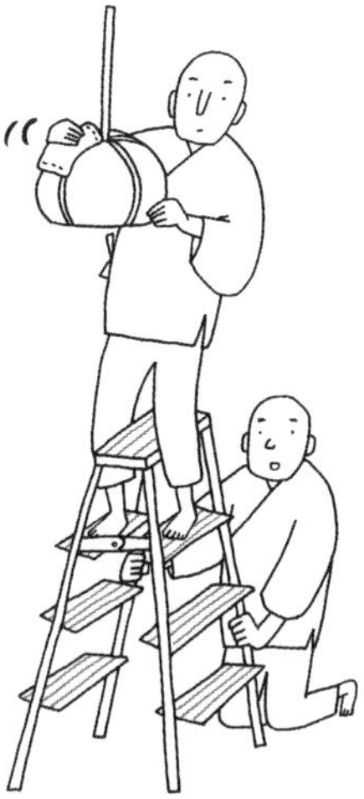

第3章

打掃屋外

【玄關】 entrance

「玄關」這個字的語源，來自「進入玄妙之道的關門」。

換句話說，**所謂的玄關，原本是僧侶為了修行而入的關門**。要是玄關有所污穢，往後的佛道也不可能走得順遂。

這就是為什麼寺院的玄關要保持得特別清潔美觀的緣故。

而這一個概念，漸漸被推廣到以武士階級為中心的一般家庭，一直演變到現在，成了家家戶戶門前的「玄關」。

當然，現代的一般家庭並非僧侶修行的場所，不需要用太嚴厲的眼光看待。不過玄關依然是區隔房屋內外的重要界線，請用心保持清潔。

說起來，前往寺廟時，您是否也曾在玄關或廁所等地看見「**腳下照顧**」四個字呢？這四個字運用在這裡時，其實是從原本的「請仔細注意腳下」引申為「請把鞋子排放整齊」的標語，有時也有「請看著自己的腳下，對自身做出反省」的意思。

鞋子脫下時無法整齊排放好的人，就是心中雜亂的人。

即使是平常總能注意到把鞋子排放整齊的人，也會有趕時間或被其他事情占據注意力的時候，因而出現鞋子擺放雜亂無章的情形。

那就是心靈正遠離「當下」的證據。

為了整頓雜亂的心靈，請先從把脫下的鞋子擺放整齊開始吧！

此外，幾乎大部分的家庭都會把鞋櫃放在玄關處。

日文中的鞋櫃漢字寫為「下駄箱」，「下駄」是古時候穿的木屐，現代人即使已經不再穿木屐，仍將鞋櫃稱為「木屐櫃」。

在聚集眾多僧侶的法會時，寺廟的鞋櫃（木屐櫃）裡，都會整齊排放大量有白色夾腳鞋帶的草鞋（雪駄），這是我很喜歡的寺院光景之一（不過，因為雪駄的形狀全都一樣，經常發生穿錯的情形）。

打開玄關時，可以不用脫鞋直接穿著鞋子踩上的部位，在日語中稱之為「三和土」。

因為這塊區域，原本是以石灰加水混合成的「叩き土」（譯注：音同「三和土」）所砌成，所以才會有這樣的稱呼。這片三和土區域，也是日式房屋內唯一允許穿鞋踏入的範圍。因此，比起屋內其他房間或區域更容易弄髒，請一定要徹底清除塵垢。

人們雖然會站在三和土上脫鞋，**但是冬天的鞋子一直在這裡放到夏天，或者**

明明是冬天卻把夏天的鞋子放在這裡，都是不可以的。

不只是衣服需要換季，在替衣櫥換季的季節，鞋子也該順應季節替換，不符合當季穿用的鞋子，就要仔細清理乾淨後，再收納起來。

鞋子脫下時，要整齊並排。

同時，需要收拾或需要使用的東西，就要各自放在它們應該放置或收納的地方，並且做好整理，讓玄關隨時保持清爽。如此一來，雜亂的心靈自然也會整齊起來。

請務必嘗試看看吧！

如何打掃玄關

●三和土

這塊區域容易累積沾在鞋底的砂礫、泥巴、頭髮、灰塵等，因此請確實掃除乾淨。

一般家庭或許會拿屋外用的掃把和畚箕，來清掃三和土區域，其實**三和土應該使用拖把或抹布，以清水擦拭**。

寺院是經常人來人往的地方，有時一天要用水擦上好幾次三和土。

●玄關大門

客人受邀上門時，第一眼看到的就是玄關大門。

掃除的時候，很容易忽略了大門。尤其該注意的是，在客人上門前，請記得擦拭因人手頻繁接觸而沾上手印的門把。

●門牌（譯注：日本房屋大門口多半會掛上刻有屋主姓氏的門牌）

你的名字，就代表你自己。
一旦名牌弄髒或蒙塵，對屋主本身也會產生影響。
請仔細擦掉灰塵與污垢吧！

用來除臭用的木炭失去除臭力後，可用熱水煮過，乾燥後即可再次使用。像備長炭之類的良質木炭，因為外表美觀，還可以用來當室內擺設。

【庭園】 garden

對我們而言，庭園是與大自然溝通的場所。

人無法直接生活在大自然中，但沒有大自然人類也無法生存。想知道人類的生命在大自然中，是如何保持微妙平衡，庭園就是最佳的學習場所。

不同寺院的庭園，也會有不同的展現樣貌。有的呈現大自然的象徵，有的影射淨土的世界。庭園的種類雖是五花八門，其中必然擁有各自的獨特世界觀。每個人眼中看見的庭園也各不相同，會反映出觀看者的內心世界。

因為庭園是大自然的一部分，每次看到時都會呈現不同的變化。

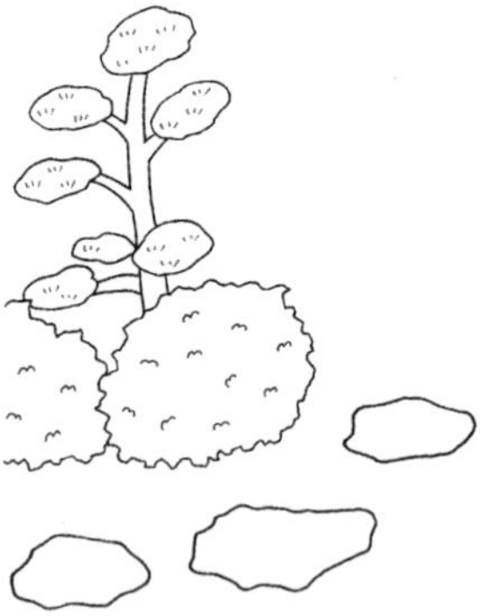

首先，傾聽草木的聲音，接著再傾聽與其呼應的自己內心的聲音。庭園是人類與自然對話的場所。

仔細觀察庭園，進行必要的勞務工作吧！

在戶外使用的園藝工具容易生鏽，請多加留意。

比方說鐮刀，如果不仔細研磨，使用時不但得花上不必要的力氣，還可能因此受傷。使用之後一定要把泥土擦掉，再用砥石研磨，最後拭乾水分。事先做好這些步驟，下次使用工具整理庭園時才會順手。

進行庭園勞務時，重要的是事先決定好一整天「大概要做多少」，絕不過分勉強。一次做到筋疲力盡，反而容易累積疲勞，很快就持續不下去了。請試著順應大自然，用緩慢穩定的步調進行吧！

庭園的勞務工作，通常在早晨和傍晚進行。
早上做完，日照強烈的中午時分則暫時休息，等到太陽下山再繼續開始。

在庭園工作時，確實補充水分也是很重要的。
上午十點喝的茶，以及下午三點喝的茶都有其意義。經過短暫歇息再重新展開的勞務，才能精神抖擻地持續到最後。

盡可能不使用除草劑。
因為那不但會危害蚯蚓等生物，可能也會影響土質。想維持庭園的優點，就必須綜觀大自然全體，在大自然中，**一切生命都息息相關**。

與大自然的對話，能豐富我們的心靈。
張大眼睛仔細觀察自然，反過來，也要透過自然好好注視自己的心。

如何整理庭園

進行戶外勞務時，穿上工作服，戴上工作手套與腳套會比較方便，除了利於行動，即使沾上泥巴也容易清洗。至於頭部可以像僧侶那樣，纏上毛巾或擦手巾來保護。

如果植物看起來垂頭喪氣，就爲它們澆澆水，發現雜草長長了，就動手除草。

除草的時候，爲了斬斷草根，請把鐮刀淺淺插入地面來割，插入太深會讓鐮刀沾滿泥土，有時還會把地面土壤整片挖起來，需多加注意。

【窗玻璃】 window

玻璃是透明、無執著的象徵。如果玻璃因蒙塵而變得濛濛的，或是沾滿手印，就表示心也已蒙上一層陰霾。

佛教重視「正見」——意即打破透過自我中心這層濾鏡看待事物的模糊視野，追求看穿事物本質的力量。

看到事物的本質，接受事物原原本本的樣子。如果能自然不刻意地做到這樣，就是到達**開悟的境地**。

清潔窗玻璃時也要以正見狀態為目標，擦拭到透明得忘記玻璃的存在。最理想的狀態就是隔著玻璃眺望對側景物時，完全不會注意到中間隔著玻璃。

請將玻璃擦得沒有一絲混濁吧！

如何擦拭窗玻璃

擦玻璃時，報紙是個方便的好幫手。

拿一張報紙，揉成手心大小的皺紙團，沾取少量清潔劑和水，將玻璃擦拭到發出「啾啾」聲。

比起抹布等布料，紙張更適合用來擦玻璃。用布擦玻璃時最後難免留下線頭或毛屑，用紙張擦拭就不會了。

一開始，先大致擦拭整體，將大片污漬擦掉。接著再規規矩矩地用報紙縱橫往復擦拭，將玻璃擦亮，擦到水分都乾了就可以停止。

雖然可以使用市售清潔劑，拿手邊材料自行製作也是個方法。例如醋水（在肥皂水裡加入醋攪拌均勻）的去污力就很強。

【紗窗】window screen

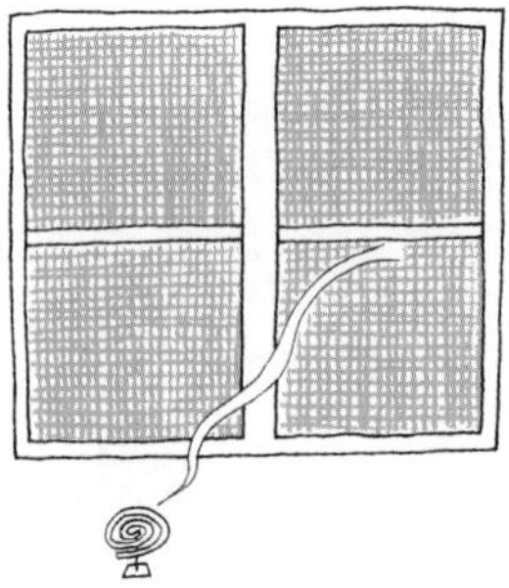

擦完窗玻璃後，也別忘了清理紗窗。

直接暴露在窗外的紗窗，往往比想像中還髒。打開窗戶時，紗窗是空氣流動的通道，紗窗若髒污，進入室內的空氣也會跟著變髒。為了不讓乾淨的空氣失去進入室內的途徑，請勤於清潔紗窗吧！

人如果不能呼吸會活不下去。坐禪及冥想時，最注重的就是呼吸，藉由呼吸的動作，人體內外的空氣也得以相連、流通。

另一方面，窗戶就是房屋的呼吸器官。紗窗的紗網若因髒污堵塞，導致空氣混濁不堪，房屋就無法呼吸了。所以，請確實清掃紗窗，讓空氣順暢進出吧！

如何清理紗窗

清洗紗窗之後，一定要等確實晾乾了，才重新裝回窗上。在不完全乾燥的情形下，紗網裡的積水會慢慢滲出，沿著窗戶和牆壁污染地面。

紗窗只要定期清掃就不會有太大問題，萬一不小心弄得很髒時，請不要嫌麻煩，一定要先將紗窗拆下來，在室外用水龍頭清洗。可以使用鬃刷，就能把網眼部分刷洗得很乾淨。

爲了保持心靈的通風，請勤於清理紗窗。

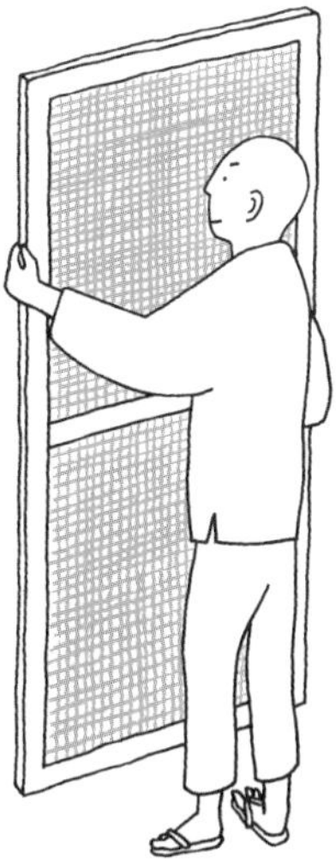

【屋前步道】approach

寺廟前，一定都有**參道**（譯注：信眾進入寺廟參拜沿途經過的道路）。

參拜者一定要先通過參道，才能來到佛像本尊之前端正姿勢參拜。從寺院境外進入寺院時，走在參道上，讓心靈慢慢沉澱下來，最後才能以沉靜的心情面對佛像。

當然，一般家庭並沒有參道。然而，如同寺廟參道的作用，從屋外延續到玄關的這條步道，是人們元氣十足出門時，以及平安返家時都會經過的通道，對於這條重要的通道，必須懷著感恩的心情。

走在屋前步道上，請壓抑快步向前的心情，**慢慢做一次深呼吸**。如此一來，內心是否感到充滿了感恩的心情呢？

如何掃除屋前步道

如果知道家人大概什麼時候回家，可以先在步道上灑灑水。這麼做就能表達出「歡迎平安歸來」和「有人在等你回家喔」的心意，彼此都能感受到對方的喜悅和感激之心。

即使住的是公寓大樓，也可以把從電梯到自家門口的走廊視爲屋前步道。將這條公共區域打掃乾淨，鄰居也會心懷感謝。

【陽台】terrace

我所在的寺廟光明寺，寺院境內一隅，向來以「**神谷町露天陽台**」之名對一般民衆開放。平日中午，在附近工作的民衆會帶著便當或飲料來此小憩，大家親暱地稱呼這裡是「**寺院咖啡廳**」。

這一處空間，可說相當於一般家庭裡的花園陽台或木板露台。天氣晴朗的日子，不妨招待客人在這裡喝茶，休假時全家人也可以在這裡放鬆身心或閱讀。

待在這樣能讓心胸開闊、自由的空間時，為了別讓多餘的雜物占據注意力，當然不能出現垃圾或髒污。**款待的基礎就從掃除開始做起**，一起打造人人都能感受幸福的美麗空間吧！

如何整理陽台

想打造出讓心胸開闊的空間，植物是不可或缺的要件。如果露台或陽台正對庭園，就好好打理庭園吧！沒有庭園的房子，可以放置穩重大方的植物盆栽或小缽，彷彿讓自己置身大自然。

款待客人時，陽台上的桌椅及欄杆扶手等客人可能碰到的地方，請一定要在事前擦拭乾淨。

屋外容易結蜘蛛網，記得每個角落都要仔細檢查。

第4章

打掃心靈與身體

【洗臉】 wash your face

雖說是掃除，該打掃的可不只有周遭環境，接下來要談的便是關於自身心靈與身體的掃除。

舉例來說，早晨**醒來第一件事就是洗臉**。

不管在哪個家庭，這都是理所當然的習慣，但是各位可知道洗臉代表什麼意義嗎？

道元禪師曾說：「尚未洗臉時，做任何事皆無禮。」換句話說，早上起床後如果不洗臉，不管做什麼事都是無禮的。

不是等臉髒了才洗臉。就算沒有髒，洗臉還是很重要的事。

不洗臉，不能與人接觸。

仔細清洗身體，潔淨心靈，這是與人見面時最低限度的禮儀。

在永平寺中稱為「**洗面手巾**」——長度超過兩公尺的擦手巾，專門用來洗臉。用這條洗面手巾繞過脖子、撩起衣袖來洗臉，就不會將僧袍沾濕。

洗臉時，只可使用一桶水。用裝滿一個水桶的水，從刷牙、洗臉到洗頭，都靠這桶水。

水是大自然的恩賜，對人類而言是不可或缺的重要資源。

既然是大自然與我們分享的恩賜，不但不可隨意糟蹋，節約使用後更要使其歸返自然。洗臉時，也要懷著如此對大自然的感恩之心。

在一般家庭中，畢竟不會穿著和服洗臉，因此就算沒有專用的長條手巾，使用一般洗臉毛巾就夠了。

不過，在家中一樣要注意節約用水，不可開著水龍頭任水流。洗臉時，先打一盆水，珍惜地使用吧！

洗過臉的毛巾馬上清洗乾淨，在太陽下曬乾。

即使只是洗臉，也不容小覷。

正因這是每天反覆的動作，更該留心是否做好每個小細節。

這也是保持清爽心靈的祕訣。

如何洗臉

先汲取少量的一盆水。

因為早晨洗臉主要目的並非洗去髒污，所以不需要使用肥皂等清潔劑。按照額頭、眉毛、眼睛、鼻子、臉頰的順序，由上往下洗。接著，從耳後洗到下巴。

臉洗乾淨了，心也跟著清爽。不管起得多早，一洗完臉人就清醒了。

不知不覺中，連心靈也獲得洗滌，變得乾淨又美麗。

【睡眠】 sleep

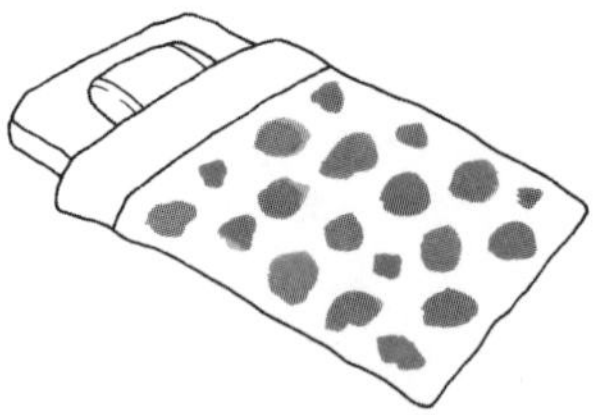

寺院生活的基礎，就是早睡早起。雖然早晨起得早，只要前一晚沒有熬夜，身體照樣體力充沛，能在白天精力十足地活動。

僧侶們白天充分勞動身體，發出嘹亮的聲音誦經，當天的體力完全耗盡時正好上床就寢，睡眠品質也很好。不會發生因失眠而困擾的事，自然獲得身體所需的睡眠。

「佛陀」的梵文Buddha，指的是「清醒之人（覺者）」。

希望各位都能積極過著規律的生活，有良好睡眠，睡醒後在太陽下度過充實的時間。

良好睡眠的訣竅

白天充分勞動身體，晚上盡量早點休息。
超過身體休養生息所需的睡眠，稱為「惰眠」。
睡眠欲也是煩惱的一種喔！
不知節制的睡眠，即是表現出對這種欲望的執著。

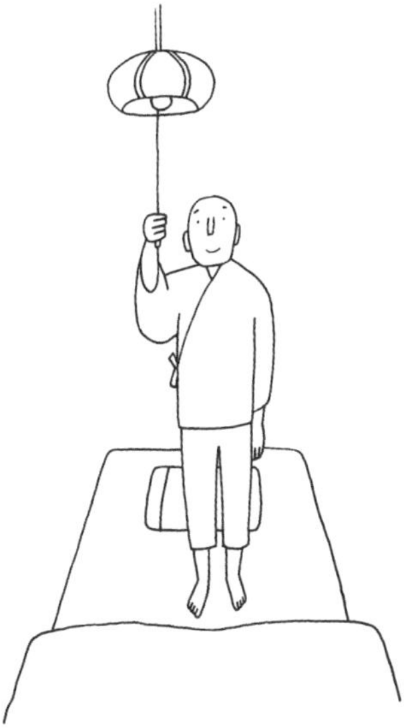

【呼吸】breathing

學習瑜伽的人應該知道，在印度，自古以來就有以調整呼吸作為整頓心靈的傳統。釋迦牟尼佛的開悟，也是在菩提樹下調整呼吸時，於靜謐的冥想狀態之下達成的。

無論清醒或睡著，我們都在無意識之中維持生命。

心臟的跳動並非出自意識，血液循環、腸胃消化和肺部呼吸也是如此。

事實上，在這些維持人類生命的「無意識運動」之中，少數「能以自我意志控制」的，就是「呼吸」。**心煩意亂時，呼吸也會跟著紊亂，這就是心靈與呼吸相連的證據**。請隨時提醒自己慎重地呼吸吧！

如何呼吸

既然名為呼吸，基本上就是「吐氣與吸氣」。

要接受什麼新的東西前，請先將自己內在原有的東西釋出一次，接著再懷抱振奮的心情從頭開始。擁有平穩的呼吸，就能下意識影響內心，使紊亂的心緒安定下來。

一、將注意力放在肚臍下方（丹田），縮緊丹田，從口中緩緩吐出一口長長的氣。

二、氣吐光後，想像著正要將新鮮空氣裝入丹田一般，從鼻子深深吸氣。

【刷牙】brush your teeth

在人的全身上下，嘴巴其實肩負著很重要的職務。

進食、說話、呼吸，**這些都會經過嘴巴**。

佛教說「**身、口、意之三業**」，將人類行為分成這三種來思考。除了「身」代表的身體舉止，「意」代表的心意想法之外，更教導我們必須要潔淨表達言語的「口」。

刷牙，為的也是清潔作為言語出口的嘴巴，仔細刷乾淨當然就很重要。

如何刷牙

禪寺裡有規定的刷牙方式，根據道元禪師的說法，刷牙前需先誦吟短句詩偈，再以「如同研磨般的方式」刷洗牙齒正面和背面。

當然，爲了防止蛀牙，牙齒和牙齒之間的縫隙也得仔細刷乾淨。這時的要訣是「仔細而工整地扒刷齒間，再用清水洗淨」，最後則以「牙齒刷乾淨後，還要刮淨舌苔」作結。

用沒有異味的口腔和徹底刷乾淨的牙齒粉碎煩惱吧！

【剪髮（剃髮）】 haircut

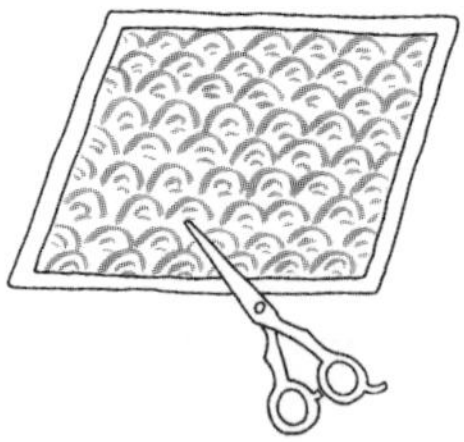

僧侶最大的特徵，就是剃髮之後的光頭。

在日本光頭也被稱為「和尚頭」，可見幾乎所有宗派的僧侶，基本上都必須落髮。

即使是可在家修行而不需剃髮的淨土真宗，得度時還是必須落髮。落髮儀式展示的是遁入佛門的決心，由戒師以剃刀為出家僧侶剃度。剃度同時也是擺脫過往一切虛飾，投身佛門的證據。

帶髮的各位之中，一定有很多人想著「等長長了再一口氣修剪吧！」永平寺的僧侶們，**固定會在有四和九的日期（四九日）剃髮**。各位也可以在自己心中定下規律，想像僧侶的心情在四九日修剪三千煩惱絲，嘗試定期剪髮如何呢？

如何剪髮

在永平寺，刮鬍子或剃髮時，都不使用刮鬍泡或肥皂。不少雲水在還沒適應時，總會刮得流血，但這樣的做法，不但是爲了珍惜水資源，更是考量到，爲了不在使用的水中摻入多餘物質，希望盡量把乾淨的水回歸給自然。

【排泄】excretion

說件有點好笑的事，我在排泄時經常覺得「人類真是厲害啊！」享用飯菜後，身體吸收養分慢慢消化，最後剩餘的東西就會自然變成大小便排泄。汗水和體垢也是如此，人類的身體具備自動掃除多餘物質，並將之排出體外的機能。而且，身體還是三百六十五天、二十四小時全年無休地持續活動著，真是不能不好好感謝我們的身體啊！

說起來，一般人除了幼年時由父母教導如何上廁所之後，就幾乎沒有機會學到如廁時的禮儀規範。當然也沒機會看到別人是怎麼如廁的，想必大家都是用自己的方式，而且並未經過太多思考地進行排泄吧！

然而，在禪寺之中，排泄行為卻受到相當的重視。

在前面也介紹過，禪寺中的廁所被稱為「東司」，也是供奉烏樞沙摩明王的場所，所以非常重要。因為是這樣的場所，僧侶們在此如廁的禮儀細節也都有嚴格規定。

首先，在使用廁所前，要先將裝有水的水桶放在固定的位置。接著，面對馬桶（多為和式）站立，左手叉腰，以右手食指**彈指**。

彈指，就是用食指和拇指彈出聲音的動作。在使用廁所的前後各自「啪啪啪」地彈響三次。彈指所發出的聲音一方面取代敲門聲，如廁後則具有清理不潔的作用。

清潔臀部時，正式的做法並不使用廁紙，而是使用預先裝在桶中的水。在印度，至今仍用水清潔擦拭過穢物的左手，此處就和那種做法相同。

一間間的隔間廁所，對雲水來說，是唯一能暫時鬆一口氣的空間，心情也容易懈怠。

可是，正因為這裡是最接近人類本能「排泄」的地方，更應該**保持一定程度的緊張感，自我精進，滌淨心靈**。

在一般家庭中，面對打掃得乾乾淨淨的廁所，家人們為了不再次弄髒也會小心使用，隨著大家都能舒適地如廁，體內沉澱的髒東西也能好好排泄出來。

關於排泄

排泄是最接近人類本能的行爲。

請保持一定程度的緊張感來進行。

使用廁所前後，當然別忘了把拖鞋擺放整齊，把衛生紙收拾好，讓後面使用的人也能安心如廁。

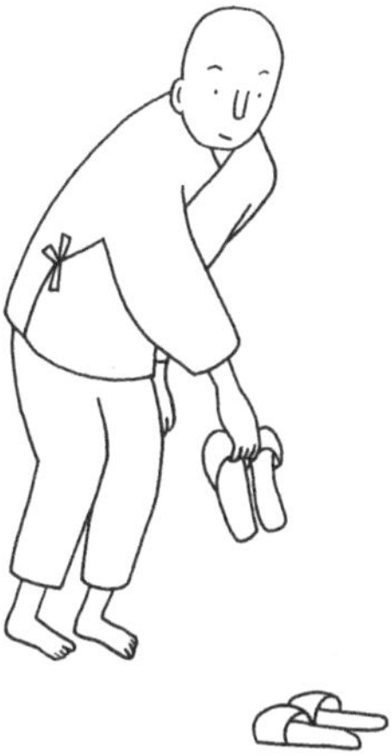

【用餐】 meal

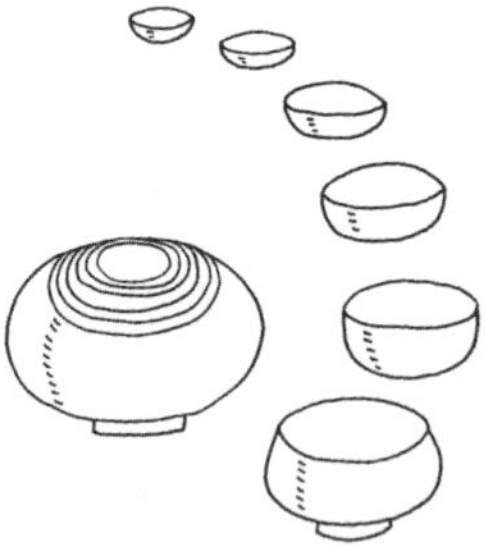

我知道忙碌的現代人經常得在繁忙的工作之間，擠出吃飯的空檔，很多人吃飯的速度快得連自己吃了什麼都不知道。

這真是非常可惜的事。

人類不吃東西就無法生存，這是衆所皆知的道理。

進食是為了構成身體，如果連用餐時間都荒廢了，身體也形同荒廢。而當身體荒廢之後，位在身體裡的心也會跟著荒廢。

吃東西，乃是創造出人類的基礎。希望大家都能用心注意，自己吃進口中的食物是什麼。

對茶道有研究的人一定都知道，茶葉原本是被當作藥品，藉由禪佛教所傳入日本。

喝一杯茶，光是這麼一個行為也能發展成一個茶「道」，而茶道的歷史和佛教又脫離不了關係。

在我們佛教的世界裡，用餐和喝茶一樣，都很重視禮儀規範。

我為了成為僧侶而在京都本願寺道場修行時，用餐前後全體僧侶都必須合掌唱誦感謝之詞，用餐時一句話都不能說，滿懷著感恩之心吃下飯菜。

用餐時，每一口都要仔細咀嚼，用心品嚐食物的味道。

關於食物的份量，**知足**最重要。

吃到八分飽時，就該放下筷子。

之所以這麼說，是因為只要我們進食時細嚼慢嚥，仔細品嚐味道，滿腹中樞就會在適當時機受到刺激，令大腦感覺已經飽食。既然如此，當然沒有必要不知節制地猛吃。

身心如一，身體和心靈是無法分開思考的。

飲食與用餐時的禮儀，還有感謝之心；

唯有這三者調和時，才能擁有滌淨美麗的心。

如何用餐

即使是一般家庭，要不要也試試看淨土眞宗爲了表達對食物的感謝，一邊合掌唸佛，一邊在用餐前後唱誦的「餐前語」與「餐後語」呢？

【餐前語】（合掌同時唱誦）

「拜許多生命與各位之賜，獲得面前的佳餚，我將以深深感恩與喜悅之心，心懷感謝享用。」

【餐後語】（合掌同時唱誦）

「吃下上天恩賜的美味，內心更加感恩，感謝上天保佑，讓我能夠享用佳餚。」

掃除結束後

掃除結束後

不持有物品

過著修行生活的僧侶，睡眠起居都在驚人的狹小空間中。

禪僧在僧堂中並排獲得半坪（一塊榻榻米）的空間，無論坐禪、用餐或睡眠，都在這塊空間中進行。

隸屬淨土真宗的我，在學習成為一名僧侶時，曾前往京都的寺廟過團體生活。除了紙筆和內衣等最低限度的必需品外，一切私人物品禁止攜入。在鋪著榻榻米的共用房內，十個人左右一起生活。天亮前即起身誦經或洒掃勞動，默默完成每天的日課。在這樣的生活中，沒有滋生雜念的空隙。

事實上，不持有物品的生活非常舒適自在。

一遍上人在一次的遊歷之旅過後，至死為止都持續雲遊四海，過著不在一地定居的生活。**正因不執著於「持有」，因此能貫徹「無所有」的生活，獲得心靈的自由**。

在不持有物品而一身輕的自由僧侶生活中，我察覺了一件事，那就是留在手邊**持有的東西，只會是「好的東西」**。只有經過眾人之手，花費氣力工夫製造的東西，才是用心創造，具有價值的逸品。最後留在手邊的，都是這樣的東西。

和好的東西相遇後，終於明白愛物惜物的意義。蘊藏在這些物品內的心意，將透過使用者的手傳遞到內心。

如果沒有和想好好珍惜的物品相遇的經驗，就無法養成愛物惜物的心。

老是使用著無論何時壞掉都不可惜的東西，就不會懂得什麼才是真正的愛物惜物。

家中有小孩的家庭，為了小孩著想，最好也盡可能減少家中的物品，盡量只嚴選良質的東西使用。比方說，從小就被教導要珍惜使用漆器餐具的小孩，將可培養出掌握物品質感的能力。

買東西的時候，每一樣東西都要經過仔細思考評估，**只選擇真正需要的東西，而且必須是放在生活中，也能讓自己感到自然舒適的東西**。如此一來，掃除將變得非常輕鬆。這些作工繁複的東西，價格或許比較昂貴，但是也別忘了，好東西總是持久耐用。

無一物中無盡藏。

若能達到什麼都不持有也不執著的境地，世界將會無限寬廣，這就是佛教中「空」的教誨。

掃除結束後

整理整頓

如前所述，修行僧的房間因此非常**簡樸**。

因為只持有生活所需最低限度的物品，持有物少得驚人。同時，這些有限的持有物也都決定好各自該放的地方，空間一點也不散亂。

該持有的東西，放在該放置的地方，在該使用的時候使用。

這聽起來理所當然，實際上要親眼目睹如此實踐的空間，還真不容易。

要使用時拿出來用，用完放回該放的地方，說起來非常簡單，不過是這麼簡單的事，為什麼難以做到呢？

那是因為，對待東西的心態太隨便。

換句話說，也就是對待自己的心太隨便。

對於剛入佛門的雲水，前輩們會徹底指導他們什麼東西該放在什麼地方，必須嚴格遵守。包括掃把、畚箕、水桶、餐具……一切物品都有固定放置的場所。自己的所有物也一樣。連經書該放在書桌上的什麼位置都有所規定，即使只偏移一釐米，馬上會遭到前輩嚴厲糾正。在這種禮儀規範的潛移默化之下，**所有應該持有的東西，都能保持在該存放的位置上。**

我的僧侶友人曾說過一件有意思的事。

「一開始，只是照著前輩教的，記住東西該放在哪裡，好好遵守整理整頓的規範而已。但是在不斷反覆之間，似乎漸漸聽得到物品的聲音了；自然而然能聽見什麼東西想回到什麼位置的聲音。」

我心想，真有道理。

傾聽物品的聲音。

在內心被隨便對待的狀態下，這絕對是沒辦法做到的事。只有小心翼翼地使用物品，對物品靜心豎起耳朵時，才終於能夠聽見物品的聲音。

與此同時，我們也要熟知收放物品的空間，也就是關於房屋這個空間的一切。每天不斷地掃除，直到感覺空間變得像是自己身體的一部分。

看出事物的本質，熟知空間的一切之後，自然會明白物品希望能被收納在什麼地方。

這種境界是有可能達成的。

掃除結束後

感受四季

在寺院中的生活，總隨著四季轉變。

慶祝一年之始的元旦會、感受春天到訪的春彼岸（譯注：春分前後三天），慶祝釋迦佛陀誕辰的花祭、夏日即景盂蘭盆節（譯注：類似中元節）、紅葉季節開始時的秋彼岸（譯注：秋分前後三天，和春彼岸一樣都是掃墓的日子）、聽著梵鐘之聲為一年做總結的除夜會。

生活在寺院中，充滿各種令人體會四季流轉的例行公事。這時，我總是慶幸自己成為僧侶。

沒有一個國家像日本這麼四季分明，豐富精彩。

即使是位於東京市區內我所在的寺廟，春天一到，也能欣賞到美麗的櫻花與梅花；如果願意豎起耳朵仔細聽，夏秋兩季都聽得見蟬鳴與蟋蟀聲。親身感受季節變化的喜悅，對日本人來說很重要，也應該好好珍惜。

將屋內掃除乾淨之後，便可以讓四季的變化也進入房間裡。

日本的和室中，充滿能令人感受四季的擺設。壁龕裝飾著當季的花朵，掛著配合季節的畫軸，焚香也能按照不同的季節選擇適合的香氣。

冬天有紙門擋風取暖，**夏天有竹簾**營造出清涼的氛圍。光是替紙門更換障子紙，就能藉此感受季節變化，樂在其中。

春秋兩季，別忘了替衣櫥換季。

僧袍和袈裟都有夏裝與冬裝的區別。雖然換上夏裝的第一天，往往還有些微涼，但絹織質料的夏裝，能讓穿上它的人在盛夏時，感受夏日微風；披上冬裝的日子，衣物的重量提醒我們嚴寒即將來臨。工作服也因應不同季節而分成有內襯與無內襯的種類，區隔使用。

僧侶的服裝種類並不多，主要是法會上穿著的袈裟、簡易僧袍和勞務時穿的工作服三種。

因為手頭只持有限的物品，不會陷入猶豫「今天要穿什麼」的煩惱。生活中的工具和服裝都盡可能精簡，過著嚴格遵守規範的生活，正因如此，對生活中的四季變化才更加敏感吧！

來吧！試著打開窗戶。

呼吸從窗外湧入的新鮮空氣，嗅聞風在不同季節產生的不同氣味，傾聽告知季節更迭的蟲鳴鳥啼；大自然每一天、每一分、每一秒都在變化。

「春入千林處處花，秋沉萬水家家月」，這是出自禪語的詩句，從中能夠感受到佛就在萬事萬物中，透過大自然存在於每個人身邊。**你眼中看到的自然景物，反映出的正是你的內心世界。**

掃除結束後

年終大掃除

每天都打掃得亮晶晶的寺院，是不是不用大掃除呢？

沒有這回事。

的確，地板和廚房浴廁每天都會擦拭，照明器具等高處物品和窗戶、紗窗，也訂定了固定日子按期清理，沒有任何地方是一年只掃除一次的。就「清除髒污」這點來看，或許是沒有大掃除的必要。

不過，掃除為的是洗滌心上的髒污。**大掃除可以清理一整年下來，累積在心**

上的污垢。就這層意義而言，**寺院年底的大掃除是非常重要的例行公事**。

年末大掃除，從前的人會說是「**清掃煤灰**」。

這樣的說法，或許是因為在灶裡燒柴，使用蠟燭和油燈照明的時代，室內容易沉積煤灰的緣故吧！至今，許多寺廟在進行年底大掃除時，還是會以「師走掃煤灰」來稱呼（譯注：「師走」爲日語中十二月的意思，也有形容年底忙碌之意）。

本願寺在一、二月中旬，也會舉行由僧侶和一般民眾共同合作的「**御掃煤灰**」，一起在佛殿裡大掃除。

完成早晨的例行勞務後，僧侶和一般民眾會在外陣（一般民眾參拜的場所）待命，等穿著大草鞋的本願寺住持出來，帶著眾人前往阿彌陀如來佛像前。先從正面雙手合十頂禮膜拜後，使用全長多達四公尺的巨大掃把，清掃供奉佛像的臺座。接著到親鸞聖人御像前，以同樣的方式清掃。

接下來，眾人打橫排成一列，正式開始「御掃煤灰」。

遵守自古以來的傳統，首先使用一公尺長的竹棒敲打榻榻米，接著用大片的團扇將敲出的煤灰、塵埃等搧出去。最後，再用掃把掃過一次。

與其說是掃除，不如說是例行公事，但是在一般家庭裡，像這樣眾人一起大掃除仍有其意義。這代表**今年也平安無事，全家一同過年，帶著喜悅的心情一起大掃除**。還有比這更開心的事嗎？

與家人的牽絆，是構成我們心靈的根柢。建議大家也在年底安排全家總動員大掃除的例行公事，並好好珍惜這樣的機會。

雖然年末大掃除的基本重點，是那些平常沒時間好好清理的部分，不過，在分配工作時，仍可按照平日掃除時的責任分擔去分配。

年末大掃除，還可以加深家人對彼此的感謝心情喔！

結語

或許是受到卡通《一休和尙》的影響，一提到僧侶便給人拿著竹掃把掃地的印象。

其實這樣的印象雖不中亦不遠，我因爲工作的緣故，經常和各宗派的僧侶交流，大多數的僧侶的確都非常重視掃除與勞務，並在這上面花費許多心力。

位於城市裡的寺廟，往來的人群較多，無法將掃除做得很完美，即使如此，僧侶們仍經常用心提醒自己掃除與整理。

然而，在一般民衆平常的生活空間，要做到像僧侶這樣的掃除並保持整潔，其實並不簡單。

事實上，在我過往的人生中，見過整理得最簡樸也最美的生活空間並不在日本，而是在印度。

說到印度，大家都知道印度是釋迦牟尼佛的國家，也是佛教的發祥地。平常在日本的寺院中，過著緬思世尊的日子，一去了印度，突然覺得世尊就近在身邊。在那片土地上流動的，就是如此獨特的空氣。我非常喜歡這樣的印度，還曾經去留學了一年。

留學的一年中，偶爾放假時，我一定會帶著從日本前來的妻子和孩子，前往印度各地旅遊。

我曾在北印度的齋浦爾，騎在象背上登山，也曾在南印度的喀拉拉邦，從漁夫經營的水上旅館眺望滿天星斗。不過，在幅員遼闊的印度四處旅遊下來，印象最深刻的，還是參加學校某項計畫時，和朋友們一起把太陽能燈，送到沒有電力的村子。

最近，印度雖然也急速地展開了都市化，但還是有許多鄉下地方過著和從前一樣的生活。深山裡的村落說的是當地土著民族的語言，沒有電也沒有車子，保留印度傳統農村的生活形式。

話雖如此，即使是沒有電力的家庭裡，夜晚孩子們需要讀書，村民得了急病時，也得將病人送到距離最近的城市，村落裡卻缺乏這種時候需要的照明設備。

於是，以非營利組織爲中心展開的計畫，決定在不破壞地域傳統的範圍內，爲村民提供生活支援，計畫內容之一，便是將太陽能燈送到這些地方村落。

我們所造訪的沒有電力的村落，位於南印度的深山中。

先搭火車再轉乘公車，下車後還得在山間徒步四個小時，終於抵達村落。當時太陽都下山了，周遭已是一片漆黑。

村落裡約有十棟房舍，全都小如日本平房院子裡的儲藏室。因爲沒有電，除了幾個男人圍著吱吱燃燒的營火外，村人們都已經在家中就寢了。

說明來意，將太陽能燈交給他們後，一位男性開心地邀請我們到他家去。

在太陽能燈的照耀下，眼前出現的是用石頭砌成，彷彿洞穴一般的四坪大房間。腳下的地板有五、六個家人正躺著睡覺。我心裡想著，這麼多人一起生活在這一間房間裡，一定很辛苦吧！當眼睛漸漸習慣黑暗，屋內全體映入眼簾時，這個念頭馬上被我拋到九霄雲外。

「我從來沒看過如此簡樸美麗的房屋！」

物品少得令人驚愕，那種簡潔是經過妥善整理收納才能達成的。而且掃除也做得很徹底，屋內既清潔又美觀。

在那個瞬間我第一次知道，只要有心，人類還是可以過如此簡樸的生活，真是令我刮目相看。

雖然沒有物品也沒有電力，那裡的人們卻毫無疑問過著「豐饒的生活」。

反過來想想，我們又是過什麼樣的生活呢？

空間裡充滿物品，使用電力的便利器具不斷增加。

一直以來我過的都是物質上的「豐饒生活」，然而那是眞正的豐饒嗎？在經歷了核能污染的今天，想必不少人對這個疑問都已做出確定的答案。

自由的社會，到處都充滿了物品與食物。

什麼都買得到，想吃什麼都吃得到；隨心所欲，想做什麼就做什麼。乍看之下，大家似乎享受著這種自由的生活。

然而又是爲什麼，我們會如此嚮往簡樸的生活，對自然的生活方式懷有憧憬呢？那一定是因爲我們從現在的生活中，不曾感覺到「眞正的自由」吧！

許多人都認爲所謂的自由，就是想做什麼就能做什麼。當心中浮現「想做這個、想做那個」的念頭時，能夠稱心如意地實現就是自由，大家都這麼認爲。可是，事實上那並不是眞正的自由。浮現「想做這個、想做那個」念頭的當下，心就被執著困住了。

所謂的自由，並不是想做什麼就做什麼，而是不執著於任何事物，過著每天安適自在，內心充滿喜悅的生活。可是這樣的生活，必須要累積種種行爲，才可能產生。

比方說，專注於掃除的行爲。把每個角落都清掃得乾乾淨淨，感受這段時間過得非常充實，如此在清掃乾淨的房間裡度過的時間，都會是安適而自在的。

最後，在此我想對給我這次機會執筆本書的責任編輯，Discover 21出版社的石塚理惠子小姐致上深深謝意，感謝她讓我有機會在寫作的同時，掃除了心靈。此外，我要再次誠心感謝曹洞宗僧侶，同時也是一位精進料理僧兼臨床心理師，活躍於各方面的吉村昇洋先生，還有以星覺雲水爲首的彼岸寺各位雲水、各宗派的僧侶，感謝大家給我的溫暖協助與指導。光明寺的各位，也感謝大家一直支持著我。

現在我們知道，要帶著擦亮內心的心情去掃除。可是，心靈也和房屋一樣，不管再怎麼清掃、擦拭，轉眼又會蒙上塵埃（也就是產生煩惱），無論怎麼掃除，都沒有結束的一天，修行一定也是這樣的。

罪障與功德之體
猶如冰與水
冰越多，水越多
障越多，功德亦越多

親鸞聖人這番話告訴我們，煩惱越大，越可能帶領我們獲得更大的功德。

被無止盡的「擦亮內心勞務」追得喘不過氣來時，請暫時放下手邊的工作，誦唸南無阿彌陀佛。即使肉眼不可見，世尊仍會在身邊給予鼓勵，請記得世尊永遠都在我們身邊。

如果看了我這本書，能夠幫助讀者們享受精神抖擻的掃除之樂，將會是我最大的榮幸。

松本圭介

〈參考聖典〉

《淨土眞宗聖典》（註釋版）第二版（本願寺出版社）

《正法眼藏1～4》道元著，水野彌穗子校注（岩波書店）

《典座教訓・赴粥飯法》道元著，中村璋八、石川力山、中村信幸翻譯（講談社學術文庫）

國家圖書館出版品預行編目資料

小僧大掃除／松本圭介著 邱香凝譯. --初版. --臺北市：商周出版：家庭傳媒城邦分公司發行，2014〔民103〕
面；公分.
譯自：お坊さんが教えるこころが整う掃除の本
ISBN 978-986-272-609-9（平裝）
1.禪宗 2.修身 3.生活指導
226.65　　103010017

Style07

小僧大掃除：
跟著日本人氣僧侶學打掃，日常家事也能轉換為砥礪心靈的勞動，每天都是修養心性的好時機

原著書名／お坊さんが教えるこころが整う掃除の本
原出版社／株式會社Discover 21
作　　者／松本圭介
譯　　者／邱香凝
責任編輯／曾曉玲
企劃選書／何宜珍、周怡君

版　　權／翁靜如、吳亭儀
行銷業務／林彥伶、張倚禎
總 編 輯／何宜珍
總 經 理／彭之琬
發 行 人／何飛鵬
法律顧問／台英國際商務法律事務所　羅明通律師
出　　版／商周出版
臺北市中山區民生東路二段141號9樓
電話：(02) 2500-7008　傳真：(02) 2500-7759
E-mail：bwp.service@cite.com.tw
發　　行／英屬蓋曼群島商家庭傳媒股份有限公司城邦分公司
臺北市中山區民生東路二段141號2樓
讀者服務專線：0800-020-299　24小時傳眞服務：(02)2517-0999
讀者服務信箱E-mail：cs@cite.com.tw
劃撥帳號／19833503　戶名：英屬蓋曼群島商家庭傳媒股份有限公司城邦分公司
訂購服務／書虫股份有限公司　客服專線：(02)2500-7718；2500-7719
服務時間：週一至週五上午09:30-12:00；下午13:30-17:00
24小時傳眞專線：(02)2500-1990；2500-1991
劃撥帳號：19863813　戶名：書虫股份有限公司
E-mail：service@readingclub.com.tw
香港發行所／城邦（香港）出版集團有限公司
香港灣仔駱克道193號東超商業中心1樓
電話：(852) 2508 6231　傳眞：(852) 2578 9337
馬新發行所／城邦（馬新）出版集團
Cité (M) Sdn. Bhd.
41, Jalan Radin Anum, Bandar Baru Sri Petaling,
57000 Kuala Lumpur, Malaysia.
電話：603-90578822　傳眞：603-90576622
email:cite@cite.com.my
商周出版部落格／http://bwp25007008.pixnet.net/blog
行政院新聞局北市業字第913號

封面設計／許晉維
內頁設計／Copy
排　　版／浩瀚電腦排版股份有限公司
印　　刷／卡樂彩色製版印刷有限公司
總 經 銷／高見文化行銷股份有限公司　電話：(02)2668-9005　傳眞：(02)2668-9790

■ 2014年（民103）07月08日初版
定價／270元

ISBN　978-986-272-609-9

STYLE

STYLE